TRAITÉ DE L'ADMINISTRATION

DE LA

BOURSE DE COMMERCE

Paris. — Soc. d'imp. PAUL DUPONT, 41, rue J.-J.-Rousseau (Cl.) 764.12.85.

TRAITÉ DE L'ADMINISTRATION

DE LA

BOURSE DE COMMERCE

PAR

Charles PAULET

Avocat à la Cour d'appel,
Ancien chef du Secrétariat du Ministre du commerce

Historique — Organisation — Législation

PARIS

SOCIÉTÉ D'IMPRIMERIE ET LIBRAIRIE ADMINISTRATIVES ET CLASSIQUES
PAUL DUPONT, Éditeur
41, RUE JEAN-JACQUES-ROUSSEAU (HÔTEL DES FERMES)

1885

TRAITÉ DE L'ADMINISTRATION

DE LA

BOURSE DE COMMERCE

SOMMAIRE :

TITRE PREMIER.

TITRE II.

TITRE PREMIER.

BOURSES DE COMMERCE.

CHAPITRE PREMIER.

HISTORIQUE.

1. Partout et de tous temps, les hommes livrés aux spéculations commerciales ont été amenés à rechercher, à établir un centre commun, point central de leurs réunions habituelles, où se fixait la valeur des marchandises et se recueillaient les nouvelles générales concernant le commerce intérieur et extérieur.

Les mêmes besoins sollicitant à peu près les mêmes moyens d'y subvenir, cette nécessité a dû s'imposer à tous les peuples qui ont le plus particulièrement appliqué leur génie au négoce.

C'est ainsi que sont nées les Bourses de commerce que le Code de commerce, dans son article 71, définit : *la réunion qui a lieu, sous l'autorité du gouvernement, des commerçants, capitaines de navires, agents de change et courtiers ;* l'article 72 ajoute :

Le résultat des négociations et des transactions qui s'y opèrent détermine le cours du change, des marchandises, des assurances, du fret ou nolis, du prix des transports par terre ou par eau, des effets publics et autres dont le cours est susceptible d'être coté (1).

---

(1) C. de com., art. 72 et 73.

Nous parlerons plus loin des officiers publics qui ont pour mission de préparer et de régulariser ces opérations, qui ont lieu dans un établissement qu'on désigne aussi par le nom de Bourse.

2. C'est de Bruges, en Flandre, que nous est venue cette dénomination. Les marchands de cette ville, qui se réunissaient, au xvi° siècle, dans une maison appartenant à la famille von der Burse, sur la porte de laquelle étaient sculptées trois bourses, avaient, par l'emploi d'une forme elliptique, contracté l'habitude de désigner indistinctement par cette sorte d'enseigne le lieu de leurs réunions et leurs assemblées.

3. Chez les Romains, ces établissements, dont l'origine est fort ancienne, portaient le nom de *Collegium Mercatorum*. Ils furent établis sous le consulat d'Appius Claudius et de Publius Servilius, en l'an 493 av. J.-C. On voit encore à Rome les ruines de l'édifice autrefois consacré aux réunions des marchands.

4. Quand, en France, fut créée, en juillet 1549, la Bourse de Toulouse, celles d'Anvers, de Bruges, existaient déjà, sans qu'on puisse assigner à leur création une date précise. Celle de Londres date de 1561.

5. La Bourse de Paris fut instituée par un arrêt du Conseil en date du 24 septembre 1724. En fait, elle existait avant son établissement légal ; les réunions des commerçants de la capitale avaient lieu dans la grande cour du Palais de Justice, au-dessous de la galerie Dauphine ; transférées en 1720 à l'hôtel de Soissons, elles y furent maintenues jusqu'à l'époque de leur suppression, ordonnée par le décret du 27 juin 1793.

6. L'arrêt de 1724, relatif à la Bourse de Paris, est le seul qui se prête à un examen précis, les dispositions concernant les Bourses de province n'étant qu'un composé de règlements particuliers émanés de l'autorité locale et soumises à des variations dépendant des règles et des besoins des villes auxquelles elles se rapportaient.

Cet arrêt se composait de quarante et un articles visant l'établissement de la Bourse, son rôle et ses attributions, son organisation, les règles relatives à la négociation de tous papiers commerçables, celles concernant les professions d'agent de change et courtier ; c'est de cette décision qu'est sortie la réglementation actuelle qui en a maintenu les parties essentielles. Il fut corrigé par celui du 21 avril 1766, qui interdit l'éntiée de la Bourse à tous ceux qui avaient fait faillite, et par celui du 26 mars 1774, qui créa ce que l'on appelle encore aujourd'hui le parquet; c'est un emplacement limité, réservé exclusivement aux agents de change, que les intéressés parviennent ainsi à trouver sûrement aux heures réglementaires.

7. Certaines réunions ayant toutefois lieu dans des endroits autres que celui reconnu par la décision de septembre 1724, un arrêt du 7 août 1785 renouvela en termes formels, avec sanction particulière, cette prohibition et exigea que les négociations d'effets royaux et autres effets publics ne pussent être valablement faites que par l'entremise des agents de change et à la Bourse. Il déclarait nuls les marchés ou compromis d'effets royaux faits à terme et sans livraison ou sans dépôt réel de ces effets, constatés par acte contrôlé, au moment de la signature de l'engagement.

8. L'arrêt du Conseil du 22 septembre 1766, confirmant l'arrêt précédent, interdisait, même avec le dépôt réel, tout marché d'effets royaux ou autres effets publics ayant cours à la Bourse, pour être livrés à un terme plus éloigné que celui de deux mois à compter du jour de sa date, à peine de nullité. Une commission spéciale nommée pour statuer sur l'exécution des marchés illicites disparut le 14 juillet 1787, pour faire place à la juridiction ordinaire.

9. L'utilité des Bourses de commerce était à ce point incontestée, que la Révolution ne fit qu'en ordonner, le 27 juin 1793, la fermeture *provisoire*. Cette mesure fut d'ailleurs rapportée peu après par un décret du 6 floréal an III.

10. Un décret du 13 fructidor an III fut particulièrement dirigé contre les agioteurs et édictait contre eux des peines sévères.

Un autre, en date du 20 vendémiaire an IV, voulut que le cours du change et celui de l'or, soit monnayé, soit en barres, fût réglé chaque jour à l'issue de la Bourse et affiché dans le lieu le plus apparent de cet établissement.

Le décret du 21 vendémiaire an IV régla la police de la Bourse, les conditions des diverses négociations qui pourraient y être opérées, l'organisation et les devoirs des agents de change.

Les mesures à prendre pour l'ouverture et la tenue de la Bourse, la fixation du lieu où elle devait se tenir, furent l'objet de deux arrêtés du Directoire en date des 16 et 20 nivôse an IV.

D'autres questions, aujourd'hui sans intérêt pour la plupart, furent réglées par les arrêtés des 7 pluviôse an IV, 15 pluviôse et 2 ventôse an IV.

C'est là que s'arrête l'ancienne législation, dont beaucoup de dispositions, ainsi que nous le verrons, sont restées en vigueur.

CHAPITRE II.

11. Avant d'aborder la réglementation actuelle, nous devons marquer en quelques mots le rôle économique des Bourses de commerce.

Leur utilité a été reconnue chez tous les peuples industrieux ; c'est à ces établissements qu'ils ont dû l'agrandissement et la prospérité du commerce, et que les commerçants eux-mêmes doivent leur sûreté et les diverses connaissances qui leur sont nécessaires pour ne pas compromettre leur fortune. En effet, leur réunion dans le même local, à la même heure, et lorsqu'ils sont tous également préparés à écouter ou à faire des propositions ayant trait à leur commerce, doit multiplier les affaires par la facilité des communications, qui donnent aux agents intermédiaires circulant librement au milieu d'eux les moyens de concilier bientôt les intérêts des parties contractantes. Là, les avis de toutes les places du monde viennent aboutir comme en un centre commun, et, par les rapports mutuels, former un faisceau de lumières qui éveille l'émulation générale. D'un autre côté, les négociants appelés journellement en présence les uns des autres apprennent à se connaître, à s'apprécier, et éprouvent plus fortement le besoin de l'estime de leurs égaux. Là se forme cette opinion commune qui précise le degré de confiance que mérite chaque négociant, soit de la place même, soit des autres villes de commerce avec lesquelles on correspond ; d'où résulte la facilité de mesurer le crédit de manière à rendre moins fréquentes et moins funestes les révolutions commerciales qui occasionnent les faillites. Sous ces divers rapports, l'établissement des Bourses présente des avantages inappréciables.

12. Ces considérations, surtout vraies pour les opérations purement commerciales, perdent de leur valeur si on les applique aux opérations financières. De nos jours, on a oublié l'utilité économique des Bourses pour ne voir dans cette institution qu'un aliment ·offert aux nombreux spéculateurs envahis par la fièvre financière. La Bourse est devenue le foyer d'une activité de spéculation inquiétante qui a eu de tristes conséquences sur notre état économique. On voit souvent des capitalistes, par la seule force de leur association, quelquefois grâce à d'habiles combinaisons, s'emparer à leur gré du marché et y provoquer, selon leur intérêt, la hausse ou la baisse ; cela est d'autant plus regrettable qu'il est convenu de considérer la Bourse comme le miroir dans lequel se reflète avec sincérité l'état général des affaires.

13. Mais ce sont là des maux auxquels le gouvernement, quand il le voudra, portera remède ; le législateur s'est livré à plusieurs tentatives, en proposant de modifier les conditions de négociation des valeurs mobilières (1) ; de régulariser la vente et l'achat d'effets publics par l'intermédiaire des agents de change (2) ; de rendre inapplicables aux marchés à terme ou à découvert l'article 1905 du Code civil relatif à l'exception de jeu (3) ; d'établir une taxe de cinq centimes par cent francs sur toutes les opérations de Bourse ; d'abolir le privilège des agents de change.

14. Quoi qu'il en soit, on ne saurait contester l'utilité de ces établissements, que révèlent l'extrême activité qui y règne, l'empressement avec lequel les commerçants s'y rendent ou s'y font représenter. Les Bourses de commerce multiplient les négociations commerciales. C'est en effet une règle universelle que les actes de la vie individuelle comme ceux de la vie sociale tendent d'autant plus à se multiplier qu'il y a plus de facilités à les accomplir. Or, quelle facilité plus grande pourrait exister pour les transactions commerciales que celle

---

(1) Proposition de loi de M. Sourrigues, député, 1882.
(2) Proposition de loi de M. Lagrange, député, 1882.
(3) Proposition de loi de M. Naquet, député, 1882.

qui résulte du rapprochement quotidien, sur un même point, de tous les commerçants d'une ville ? Là les vendeurs, qui, souvent, seraient obligés de faire des démarches nombreuses pour placer les objets de leur commerce, trouvent immédiatement des acheteurs. Là, chacun peut être aisément fixé sur le cours des marchandises et celui des effets publics et particuliers. C'est à la Bourse que circulent les nouvelles d'intérêt général sur les maisons de commerce du monde entier, sur la nature de leurs opérations, sur le papier qu'elles émettent ; c'est ainsi que se forme l'échelle du crédit universel ; on y apprend encore avec rapidité les sinistres qui intéressent les négociants, les faillites, les naufrages des bâtiments marchands et tout ce qui, au dehors, peut influer sur le cours des marchandises.

On sait enfin le rôle utile que joue cette heureuse institution dans les emprunts d'État, et c'est avec assez de raison que M. Mollot qualifie la Bourse de moteur essentiel du crédit.

CHAPITRE III.

15. On s'est demandé si les différents arrêts du Conseil auxquels nous avons fait allusion avaient eu force de loi, leur enregistrement dans les Parlements n'ayant pas eu lieu.

La question, qui pouvait être agitée avant 1782, a cessé de l'être depuis le décret des 27-29 juillet de cette année, qui est ainsi conçu : « L'Assemblée nationale, après avoir entendu les rapports de ses comités de législation et de commerce sur les difficultés qui s'élèvent dans les tribunaux au sujet des anciens règlements des agents de change, sous prétexte qu'ils n'ont pas été enregistrés aux ci-devant Parlements ; considérant qu'il est nécessaire de faire promptement cesser ces difficultés, décrète que le défaut d'enregistrement aux ci-devant Parlements ne peut être opposé aux règlements qui, jusqu'au décret du 21 avril 1719, ont réglé les conditions et l'exercice des fonctions des agents de change, et que ces règlements auront leur plein et entier effet pour tous les engagements qui ont eu lieu sur la foi de leur exécution. »

16. Le principe de l'institution une fois consacré, il fallait le généraliser, établir des Bourses dans les villes qui en étaient privées, en régler l'administration et pourvoir aux dépenses qu'elles nécessitent. La loi du 28 ventôse an ix a rempli cette lacune ; avec le concours des arrêtés consulaires du 29 germinal an ix et 27 prairial an x, 12 brumaire an xi, elle a, de plus, déterminé les droits et les devoirs des agents de change et des courtiers.

Ces quatre actes législatifs ou réglementaires forment aujourd'hui, avec certaines autres dispositions, le Code de la matière, dans lequel il faut comprendre quelques textes de ces anciens arrêts dont une partie seulement a été abrogée par la réglementation nouvelle.

CHAPITRE IV.

ÉTABLISSEMENT ET ATTRIBUTIONS.

SECTION PREMIÈRE.

CRÉATION ET SIÈGE.

17. C'est par décret qu'est ordonné l'établissement des Bourses de commerce ; aucune condition de lieu n'est imposée au pouvoir exécutif. Les Bourses, en effet, considérées comme institutions d'utilité publique, ne sauraient être laissées à la discrétion de l'initiative et de l'intérêt privés (1).

18. On s'est demandé toutefois (2) s'il ne serait pas préférable de laisser les commerçants seuls juges de l'opportunité de leur établissement. Nous ne le pensons pas, d'abord à cause du caractère d'utilité publique qui est reconnu aux Bourses, ensuite parce qu'il s'agit de lieux de réunion toujours soumis à une réglementation particulière et à l'intervention de l'autorité.

Mais il ne faut pas exagérer cette thèse et déclarer que le gouvernement, sur le point de créer une Bourse, n'est pas obligé de consulter les Chambres de commerce. L'affirmation ressort, au contraire du texte formel du décret du 3 septembre 1851, qui, en pareil cas, considère comme obligatoire l'avis de ces dernières (3). Nous examinerons plus particulièrement cette question en étudiant les attributions des Chambres de commerce.

---

(1) L. 28 ventôse an IX, art. 1er.
(2) Vincens, *Législ. comm.*, t. 1er, p. 45.
(3) Voy. V° CHAMBRE CONSULTATIVE (chambre de commerce).

19. La question de l'établissement des Bourses est soumise aux ministres des finances et du commerce, qui statuent de concert. Quant à leur suppression, elle peut être ordonnée en la même forme, c'est-à-dire par décret (1).

20. Nous avons vu que c'est à Paris, à Toulouse, à Lyon et à Rouen que furent établies les premières Bourses de commerce. On en institua plus tard dans quelques autres villes importantes, à Marseille, à Bordeaux, etc.

21. Sous le Consulat, une réorganisation générale ayant eu lieu, des arrêtés spéciaux ont placé les Bourses dans un très grand nombre de villes, et, depuis, il en a été ouvert dans quelques autres localités.

SECTION II.

OBJET.

22. L'institution des Bourses de commerce a pour objet principal de faciliter les opérations de tous genres qui constituent le commerce intérieur ou extérieur. Les articles 72 et 76 du Code de commerce énumèrent ces opérations, qui sont :

La vente des matières métalliques ;

La vente de toute espèce de marchandises ;

Les assurances contre certains risques ;

L'affrètement des navires ;

Les transports par terre et par eau ;

La négociation des effets publics et de tous ceux dont le cours est susceptible d'être coté.

Le résultat des négociations et des transactions qui s'opèrent dans la Bourse détermine le cours du change, des marchandises, des assurances, du fret ou nolis, des effets publics et autres dont le cours est susceptible d'être coté. Ces divers cours sont constatés par les agents de change et courtiers dans la forme prescrite par les règlements de police généraux ou particuliers (2).

------

(1) Voy. Vᵒ CHAMBRE CONSULTAVIVE (chambre de commerce).
(2) C. de com., art. 72 et 73.

23. Les agents de change, aux termes de l'article 182 du Code de commerce, certifient les comptes de retour qui doivent accompagner la retraite, après le protêt d'une première lettre de change.

24. Aux termes de l'article 82 de l'arrêté du 2 prairial an XI, les armateurs sont tenus d'envoyer des états détaillés des prises dans les principales Bourses de commerce pour y être affichés, avec indication du jour de la vente des objets comportant les prises. Il en est délivré un certificat dont mention doit être faite dans le procès-verbal de vente.

25. L'arrêt du Conseil du 7 août 1785 portait défense aux agents de change de coter à la Bourse de Paris d'autres effets que les effets royaux et le cours des changes. Mais, avec le temps, les opérations de banque, de finance et de commerce ayant reçu une très grande extension, une ordonnance des 12-13 novembre 1823 a porté autorisation de coter sur le cours authentique de la Bourse de Paris les emprunts des gouvernements étrangers, et cette faculté a été étendue aux fonds des sociétés commerciales.

26. Remarquons en terminant que, bien que le parquet, dont nous allons parler, soit le lieu où se traitent le plus habituellement les opérations dont la négociation est confiée par la loi aux agents de change, elles peuvent être très régulièrement conclues dans toutes les parties de l'établissement. La loi n'interdit que les négociations faites hors de la Bourse.

CHAPITRE V.

ORGANISATION INTÉRIEURE.

SECTION PREMIÈRE.

PARQUET.

27. L'établissement du parquet a été décrété par un arrêt du conseil en date du 30 mars 1774. Jusque-là, les agents de change et courtiers étaient mêlés dans la foule, où il était difficile de les rencontrer. Les opérations de la Bourse devenant plus multipliées, on reconnut la nécessité, pour faciliter les communications avec eux, de leur assigner dans l'enceinte commune une place distincte et séparée où chacun pût les trouver de suite, leur remettre des ordres et suivre près d'eux l'exécution de ceux donnés avant la Bourse ; un lieu séparé était établi de même pour les courtiers de commerce. Le même arrêt (1), pour que le cours et la variation des prix fussent constatés publiquement, autorisa l'annonce à haute voix des opérations faites sur le *Parquet ;* c'est ainsi qu'on désigne cet emplacement spécial.

28. Nous avons vu que, *pourvu qu'elles aient lieu aux heures réglementaires,* les agents de change peuvent traiter leurs opérations dans toutes les parties de l'établissement. Ces opérations sont régulières et licites, l'article 23 de l'arrêté du 27 prairial ni aucune autre disposition n'en prononçant la nullité. Elles diffèrent de celles prévues par l'article 3 du même arrêté ; elles ont un caractère légal et rassurant, par

---

(1) Art. 2.

cela seul qu'elles ont lieu à l'heure de la Bourse et dans son enceinte. Il peut arriver que deux agents de change, à leur entrée ou à leur sortie du Parquet, aient l'occasion de conclure une affaire urgente.

29. L'arrêté de l'an x qui autorise l'établissement d'un Parquet ne disposant que pour Paris, et aucune loi ne visant les Bourses des autres places, on s'est demandé si, aux termes de l'article 19 de l'arrêté du 29 germinal an ix, une telle mesure rentrant dans les règlements locaux, les commissaires généraux de police et les maires avaient le droit de la prendre, s'ils la jugeaient utile.

Une demande dans ce sens, faite en 1833 par les agents de change de Lyon, fut repoussée par la Chambre de commerce, à qui elle avait été soumise. Le 11 novembre de la même année, le ministre du commerce confirma cette manière de voir et repoussa cette mesure comme inopportune. En 1845, leur requête fut accueillie, et les effets s'en appliquèrent à Marseille, Bordeaux et Toulouse.

Aujourd'hui, aux termes d'un décret du 5 septembre 1862, les parquets doivent être établis par décret rendu sur la proposition des ministres des finances et du commerce.

30. Les Bourses départementales munies de parquets, et dont les agents de change sont nommés par le ministre des finances, sont celles de Lyon, Marseille, Bordeaux, Toulouse, Lille, Nantes, Nice (1).

SECTION II.

ENTRÉE.

31. L'arrêt du conseil du 24 septembre 1724 exigeait que tous les individus qui se présenteraient à la Bourse fussent porteurs d'une carte d'entrée, et que les étrangers fussent connus d'un négociant ou d'un agent de change; l'arrêté de prairial an x, dans son article 1er, a supprimé ces formalités

---

(1) Les agents de change de Paris sont nommés sur la proposition du ministre des finances, en vertu de l'ordonnance du 29 mai 1816.

comme gênantes et inutiles; il suppose, avec raison, que le bon ordre y est suffisamment maintenu par la présence des officiers de police; il porte que la Bourse est ouverte à tous les citoyens et même aux étrangers (1).

32. Doit-on prendre le mot *citoyen* dans son acception juridique la plus absolue? La réponse est contenue dans l'article 5 de l'ordonnance de police du 1er thermidor an IX, qui exige la jouissance des droits politiques. On ne saurait con_ tester le rigorisme de cette interprétation officielle, qui, sur ce point particulier, favorise exceptionnellement les étrangers. Ceux-ci, en effet, ont l'entrée la plus complète et la plus large, au contraire des Français, qui doivent remplir une double condition d'âge et de capacité politique. Quoi qu'il en soit, cette disposition est assez nette et formelle pour qu'elle ne soit point discutée.

Quant aux conséquences, elles se déduiront d'elles-mêmes. Nous allons les examiner.

33. Un arrêt du conseil du 21 avril 1766 défendait l'entrée de la Bourse à tous ceux qui avaient fait faillite, atermoyé ou obtenu des lettres de répit. Cette disposition avait pour objet de prévenir les dangers des marchés qu'on aurait pu passer à la Bourse avec des insolvables, sans connaître leur position. Elle reposait sur un motif trop sage pour n'être point recueillie par le législateur moderne : elle se trouve reproduite par l'article 613 du Code de commerce. L'exclusion s'applique évidemment aux faillis qui ont obtenu un concordat.

34. L'exclusion s'applique de même aux mineurs, aux femmes, à ceux qui ont perdu la qualité de citoyens suivant les règles du Code civil et du Code pénal. Il nous paraît, toutefois, que cette règle ne doit pas concerner les mineurs légalement autorisés à faire le commerce ; ce serait les priver du meilleur moyen de diriger leurs opérations commerciales avec discernement.

35. Nous n'étendons pas cette exception aux marchandes publiques. Leur exclusion résulte de l'arrêté de prairial et de l'article 11 de l'ordonnance de 1724, qui déclare que les

---

(1) Arr. 27 prairial an x.

femmes ne doivent pas entrer à la Bourse « pour quelque
cause et prétexte que ce soit ». Ces dispositions sont for-
melles, et il n'est pas nécessaire, pour les fortifier, d'invo-
quer les bienséances sociales (1).

36. L'article 6 de l'ordonnance de police du 1er thermidor
an ix exclut encore de la Bourse les individus condamnés
à des peines afflictives ou infamantes. C'est là une conséquence étroite, immédiate de la règle que nous avons établie
plus haut, ces derniers ayant cessé d'être citoyens.

37. Nous venons de voir que l'exclusion de la Bourse s'applique aux faillis non réhabilités ; frappe-t-elle l'individu admis à la cession de biens ?

La disposition relative à l'entrée de la Bourse est, de
tous les anciens textes, celle qui a subi le plus de transfor-
mations, comme concernant la base d'une institution dont il
est nécessaire de sauvegarder la moralité. Nous savons que,
dans le principe, l'intéressé ne pouvait pénétrer dans la réunion que muni d'une carte ; plus tard, cette entrave fut écartée, et la jouissance de ce droit abandonnée à tous les Français, à l'exclusion des étrangers. Ces derniers furent enfin
assimilés à nos nationaux par l'arrêté de prairial an x, dont
nous connaissons les termes formels, pièces indiscutables, qui
autorise l'entrée de la Bourse *aux seuls citoyens*. Pour répondre à la question que nous indiquons, il suffira donc de se
demander si l'individu admis à la cession de biens *a cessé
d'être légalement citoyen*. Poser la question, c'est évidemment la résoudre par la négative.

Mollot établit une distinction (2). La cession est-elle volontaire, l'exclusion ne doit pas être prononcée, aucun caractère d'infamie ni de publicité ne s'attachant à cet acte. Il en
est autrement si elle est judiciaire. « Dans ce cas, dit cet
auteur, le débiteur est privé du droit d'entrer à la Bourse. Les
motifs de l'article 1er de l'arrêt du 21 août 1766, exprimés
dans son préambule en termes fort énergiques, sont qu'il ne
faut pas seulement honorer les négociants irréprochables, mais
qu'il convient, par cette sorte de châtiment, de porter ceux-ci

(1) Mollot, p. 36.
(2) Mollot, p. 33.

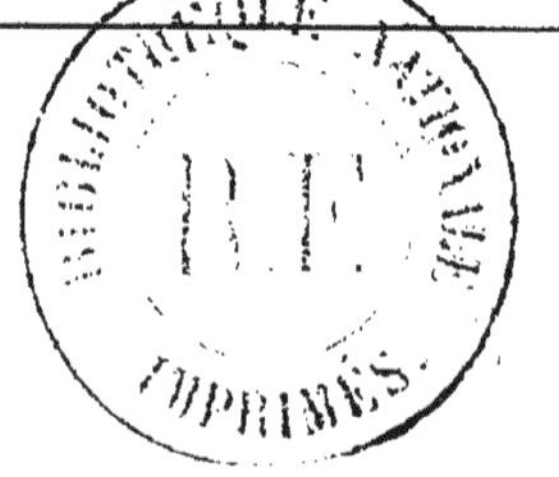

à se réhabiliter en payant la totalité de leurs dettes. C'est aussi un moyen de prévenir les fraudes et l'agiotage auxquels ils seraient tentés de se livrer, d'autant plus volontiers qu'ils n'ont rien à perdre. Les mêmes motifs et prohibitions ont été reproduits par le préambule et par l'article 4 de l'arrêt du 10 juin 1788. Or, on ne saurait méconnaître que ces considérations sont toujours subsistantes et qu'elles s'appliquent à celui qui a obtenu la cession de biens, puisqu'elle ne le libère pas. Le Code de commerce n'a pas abrogé en ce point les anciens règlements. La cession de biens est la faillite du non-commerçant ; elle a toujours été considérée comme imprimant une tâche déshonorante sur le front du débiteur.

Nous venons d'indiquer en vertu de quelle règle fixe et uniforme nous ne pouvons admettre cette solution, qui repose sur des textes incontestablement abrogés par l'article 1er de l'arrêté de prairial an x, et sur une fiction emportant pour celui qui est sous le coup de la cession de biens judiciaire la *faillite normale ;* car c'est par ces mots que peuvent se traduire les dernières lignes de l'argumentation de M. Mollot.

Au surplus, on a le droit de s'étonner que cet estimable auteur soutienne une thèse semblable, immédiatement après avoir établi que l'entrée de la Bourse est réservée à tout individu n'ayant pas perdu la qualité de citoyen, le mot étant pris dans son acception juridique.

38. Le même raisonnement et la même solution doivent être appliqués à la question de savoir si l'exclusion de la Bourse frappe celui qui a été constitué en liquidation judiciaire (1).

39. L'article 5 de l'arrêté de l'an x, confirmant une disposition contenue dans les arrêts du 21 avril 1766 et 10 juin 1788, permet aux fonctionnaires investis de la police de la Bourse d'en interdire l'entrée, par mesure de police, à tout individu convaincu d'avoir contrevenu à la règle qui défend l'immixtion dans les fonctions des agents de change et courtiers. Il est bien évident qu'il ne leur donne ce droit qu'après que les faits ont été vérifiés et qu'une décision judiciaire a reconnu les causes d'où dérive l'exclusion.

---

(1) Mollot, p. 34.

40. La décision des fonctionnaires ainsi autorisés à l'édicter est-elle susceptible d'appel ?

On a enseigné (1) que l'appel est de droit commun, qu'il est autorisé toutes les fois que la loi n'en a pas disposé autrement, pour tous les jugements ; que, dans ce cas, comme dans les matières administratives, il doit être déféré, à savoir : lorsqu'il s'agit d'un arrêté du préfet de police, au ministre de l'intérieur, dont la décision peut, à son tour, être déférée au conseil d'Etat, et, à l'égard des ordonnances des maires, au préfet du département, pour parcourir ensuite, s'il y a lieu, les autres degrés de la hiérarchie administrative.

La mesure dont l'exercice est attribué aux fonctionnaires auxquels la loi départ le pouvoir de statuer n'est *que la sanction d'un fait, la constatation d'une décision judiciaire définitive.* C'est, en quelque sorte, un acte tout matériel ; on ne peut le frapper d'appel, sans y soumettre indirectement le jugement d'où il dérive et que nous supposons toujours être définitif. D'un autre côté, ces fonctionnaires ne sont point placés dans l'ordre hiérarchique judiciaire ; il ne s'agit pas non plus d'un jugement de police ; leur décision peut seulement être dénoncée aux fonctionnaires supérieurs dans l'ordre administratif. Il n'y a donc pas, il ne peut y avoir d'appel à proprement parler ; le jugement définitif sur lequel s'appuie la mesure de police *est ou n'est pas.*

Mais, en raison même de la nature de cette question, il peut arriver que le fonctionnaire ait pris la mesure, soit en l'absence d'une décision judiciaire, soit contrairement aux termes du jugement. Dans ce cas, il y a abus de pouvoir, et le conseil d'Etat serait seul appelé à statuer. C'est, croyons-nous, en fait comme en droit, la seule forme d'appel qui puisse se produire.

SECTION III.

TENUE.

41. C'est aux fonctionnaires chargés de la police de la

---

(1) Dalloz, V° BOURSES DE COMMERCE, 156.

Bourse qu'il appartient de fixer les heures d'ouverture, de tenue et de fermeture des Bourses. A Paris, le préfet de police doit se concerter sur ces divers points avec quatre banquiers, quatre négociants, quatre agents de change et quatre courtiers désignés par le tribunal de commerce. Dans les autres villes, le commissaire général ou le maire doivent faire cette fixation, de concert avec le tribunal de commerce (1).

42. Aux suites de l'arrêté de prairial an x, divers règlements ont été faits pour la Bourse de Paris. Le premier, reproduit par une ordonnance du préfet de police du 2 août 1809, fut confirmé par un autre du 2 novembre 1826, modifié par celles du 8 novembre 1830, 12 janvier 1831, et enfin par celle du 28 avril 1845.

Ces règlements visent : 1° les jours de Bourse ; 2° les heures de négociation des effets publics ; 3° celles des opérations commerciales ; 4° celles de l'ouverture et de la fermeture ; 5° l'interdiction absolue de faire à la Bourse aucune négociation après les heures fixées. Ces divers détails forment l'objet des règlements des Bourses de commerce, dont la rédaction peut varier et reste soumise aux convenances et aux usages locaux.

43. Le concours des commerçants désignés par la loi n'est exigé que pour la fixation des heures de tenue. Le motif qui a dicté cette prescription est tiré de la nécessité de choisir pour les réunions commerciales le temps qui convient le mieux aux négociants, et cette considération est inapplicable aux autres mesures de police qui peuvent faire l'objet des règlements.

44. L'article 15 de la loi des 24 avril et 8 mai 1791 avait ordonné qu'il serait fait par les tribunaux de commerce un règlement sur la manière de constater le cours du change et des effets publics. Mais les événements qui suivirent firent perdre de vue cet objet important, et cette disposition n'a jamais reçu son exécution. C'était là une omission grave que le législateur a voulu lui-même réparer. La loi du 20 vendémiaire an iv (2) a d'abord ordonné que le cours du change et celui de

____

(1) Arr. 29 germinal an ix, art. 14 ; arr. 27 prairial an x, art. 2, 4, 5.
(2) Art. 1er et 2.

l'argent et de l'or seraient réglés chaque jour à l'issue de celui
de la Bourse, et qu'à cet effet les comités des finances et du salut
public réunis nommeraient deux agents de change qui seraient
chargés de calculer ce cours, de le fixer et de l'afficher à la
Bourse dans les lieux les plus apparents. La loi du 15 pluviôse de la même année (1) a ensuite abrogé cette disposition en ordonnant que les agents de change actuellement en
exercice nommeraient entre eux un syndic et quatre adjoints,
pour constater le cours du change et des négociations. Aucune loi postérieure n'a enlevé à la chambre syndicale cette
attribution, qui se trouve d'ailleurs rappelée par l'ordonnance
du préfet de police du 1er thermidor an ix.

Quant à la forme de l'acte qui doit constater les divers cours,
ni la loi ni l'ordonnance précitées ne l'ont réglée ; mais voici
ce qui a été consacré par la pratique. Le commissaire de la
Bourse tient un registre officiel parafé à chaque page par le
préfet de police, sur le recto et le verso duquel est porté
chaque jour, à la fin de la séance de la Bourse, le bulletin
des divers cours. Chaque bulletin est signé sur le registre
par le syndic et un adjoint ou par deux adjoints. A la fin de
chaque année, le registre est déposé dans les archives de la
préfecture de police. De plus, tous les jours de Bourse, la
chambre syndicale de Paris, représentée par deux de ses
membres, signe quatre copies imprimées du bulletin, qui sont
destinées aux ministres des finances et du commerce et à la
préfecture de police.

45. L'ordonnance du 1er thermidor an ix exigeait que le
commissaire de police de la Bourse fût présent à la réunion
des agents de change, qui a pour objet la constatation du
cours ; sur la réclamation de ceux-ci, le conseil d'Etat a jugé
que la présence de cet officier n'était pas nécessaire (2).

46. Dans les départements, la constatation des cours a lieu
de la même façon, conformément à la loi de pluviôse an iv
S'il n'y a pas de chambre syndicale, le soin en revient à cinq
agents de change, et, si ce nombre ne peut être atteint, à
tous les agents de change en fonctions.

---

(1) Art. 1er.
(2) Dalloz, Vo BOURSES, 145.

47. C'est encore la pratique qui a suppléé à l'absence de textes relatifs au cours des valeurs dont la négociation est dans les attributions des courtiers. A Paris, on porte le cours des marchandises sur un registre tenu par le commissaire de la Bourse, d'après les renseignements fournis par une commission de la chambre syndicale des courtiers. De son côté, après chaque séance, la chambre des courtiers envoie aussi un bulletin des cours ainsi constatés aux fonctionnaires que nous avons désignés plus haut. Lorsque la chambre est requise de constater l'état des cours à telle ou telle époque, son certificat est signé par quatre de ses membres, dont la signature est légalisée par le commissaire de police.

48. Ce même acte doit-il être considéré comme authentique ?

M. Mollot (1), considérant que cet acte n'est revêtu d'aucune des solennités requises par l'article 1317 du Code civil pour les actes authentiques, enseigne la négative.

D'un autre côté, les partisans de l'affirmative (2) répondent que, aux termes mêmes de l'article 1317, un acte est dit authentique toutes les fois qu'il a été rédigé avec les solennités requises. Dans l'espèce, l'acte des agents de change et courtiers aurait ce caractère s'il est rendu dans les formes voulues par les lois et par les règlements.

Il nous coûte d'autant moins de nous rallier à cette dernière opinion, que M. Mollot reconnaît qu'il n'existe aucun moyen de contredire cet acte.

SECTION IV.

CRIEUR.

49. Dans son article 15, l'arrêt du conseil du 24 septembre 1724 avait défendu d'annoncer à haute voix le prix d'aucun *effet* et de pratiquer aucun signal ou autre manœuvre, pour en faire hausser ou baisser les prix. Il déclarait les contre-

---

(1) Mollot, p. 478.
(2) Dalloz, V° BOURSES, 148.

venants privés pour toujours du droit d'entrer à la Bourse, et passibles par corps d'une amende de 6,000 francs. Si la contravention avait été commise par des agents de change, ils encouraient la destitution. La prohibition du cri des effets a pour objet, portait l'arrêté, « de maintenir l'ordre et la tranquillité à la Bourse et pour que chacun puisse y traiter de ses affaires sans être interrompu. » Mais un arrêt postérieur du 30 mars 1774 rapporta cette disposition en statuant, article 2 : « Les négociations des effets royaux, ou de ceux réputés tels, continueront de se faire à la Bourse par le ministère seul des agents de change, et à mesure qu'il y aura une variation dans le prix, elle sera *annoncée* par l'acheteur en nommant son vendeur, ou par le vendeur en nommant son acheteur. » Ainsi, l'emploi d'un crieur étranger à la négociation, et salarié, n'a été qu'un moyen plus facile adopté par la nouvelle législation pour constater la publicité que l'ancien règlement avait décrétée.

50. La loi du 28 vendémiaire an iv disposait que l'achat et la vente des espèces métalliques auraient lieu à la Bourse et s'y feraient à haute voix. Dans ses articles 9 et 10, elle ajoutait que les agents de change préposés pour cette vente nommeraient un écrivain crieur. Cette disposition, confirmée plus tard par la loi du 20 nivôse, a été abrogée par l'article 25 de l'arrêté du 27 prairial : le cri n'est autorisé que pour les effets publics.

51. L'article 16 de l'ordonnance de police du 1er thermidor an ix consacra l'existence du crieur public, dont la nomination était réservée aux syndics et adjoints des agents de change. Prévoyant le cas où cet agent particulier, qui annonce les cotes des effets publics négociés sur le parquet, prévariquerait dans ses fonctions, il en ordonne la destitution par le préfet de police d'après le procès-verbal du commissaire de la Bourse, sous réserve de telles autres mesures administratives qu'il conviendrait de lui appliquer.

Depuis cette ordonnance, le préfet de police, qui avait autorisé les syndics et adjoints des agents de change à nommer le crieur, a cru devoir leur retirer ce droit. C'est maintenant lui qui nomme le crieur et le paye.

52. L'emploi du crieur se trouve déterminé par les arti-

cles 24 et 25 de l'arrêté du 27 prairial an x. Il annonce sur-le-champ au public, sur la communication qu'ils lui font, le cours établi à la suite d'une négociation consommée par deux agents de change.

Il ne peut crier à haute voix que le cours des effets publics. Quant aux actions de commerce, lettres de change et billets, tant de l'intérieur que de l'étranger, leur négociation, en exigeant l'exhibition et l'examen, ne peut être faite à haute voix, et les cours auxquels elle a donné lieu sont recueillis, après la Bourse, par les syndics et adjoints et cotés sur le *Bulletin des cours.*

53. Il est incontestable que l'arrêté de l'an x a voulu ainsi favoriser les effets publics et spécialement les rentes sur l'Etat, à cause de leur haute importance. Il s'est proposé tout à la fois d'exciter les enchères sur leurs négociations et de donner au cours qui en résulte une plus grande authenticité. S'il fallait crier tous les autres effets, la mesure serait inexécutable, elle jetterait la confusion dans la Bourse, le temps de la séance n'y suffirait pas. C'est pour ce dernier motif que l'on ne crie, à la Bourse de Paris, que quelques-uns des effets publics, les rentes perpétuelles sur l'Etat et les actions de la Banque.

CHAPITRE VI.

54. La police des Bourses s'exerce intérieurement et extérieurement.

La police intérieure comprend l'entrée de la Bourse, sa tenue, son parquet et son crieur. Nous avons examiné ces objets spéciaux, que nous avons cru devoir ranger sous le titre d'administration intérieure.

Quant à la police extérieure, elle comprend diverses dispositions que nous allons examiner.

55. Le premier soin du législateur a été d'éloigner d'une façon absolue la police armée. Aucun pouvoir militaire n'exerce de fonctions à l'intérieur de la Bourse (1).

56. La police générale appartient, à Paris, au préfet de police ; à Marseille, Lyon et Bordeaux, aux commissaires généraux de police ; dans les autres villes, aux maires (2).

Ces fonctionnaires désignent un des commissaires de police ou un des adjoints pour être présent à la Bourse et en exercer la police pendant la tenue. Ils doivent prendre toutes les mesures nécessaires pour faire exécuter les lois et les règlements ; et l'autorité supérieure doit mettre à leur disposition les moyens les plus actifs pour rendre facile l'accès de la Bourse et dissiper les attroupements (3). Ils peuvent prendre, seuls et par eux-mêmes, les ordonnances qu'ils jugent nécessaires pour le maintien de l'ordre et dans l'intérêt général du commerce. Mais, pour être exécutoires, celles du

---

(1) L. 28 vend. an IV, art. 2.
(2) Arr. messid. an VIII, 29 germin. an IX, art. 14, et 27 prair. an X, art. 1er.
(3) Décr. 28 vend. an IV, art. 3.

préfet de police doivent être revêtues de l'approbation du ministre de l'intérieur, et celles des commissaires généraux de police et des maires, de la sanction du préfet du département (1). Toutefois, dans aucun cas, les arrêtés locaux ne peuvent modifier les dispositions législatives ou les règlements du pouvoir exécutif concernant les Bourses de commerce : il faudrait à cet égard une délégation législative. Ainsi, l'article 1ᵉʳ de l'arrêté du 27 prairial an x veut que la Bourse soit ouverte à tous les citoyens et aux étrangers. Les fonctionnaires chargés de faire des règlements locaux n'auraient donc pas le droit de remettre en vigueur les restrictions établies par l'arrêt du conseil de 1724, et qui consistaient, ainsi que nous l'avons rapporté, à exiger, même des négociants établis à Paris, une carte d'admission délivrée par le lieutenant général de police, et des étrangers, qu'ils fussent introduits par un négociant ou par un agent de change (2).

57. Les agents de change de chaque place nomment, à la majorité absolue, un syndic et six adjoints chargés d'exercer une police intérieure, rechercher les contraventions aux lois et règlements et les faire connaître à l'autorité publique.

58. Indépendamment des règlements locaux, il est aussi des règlements généraux que le gouvernement est autorisé à faire (3). Ces derniers, pas plus que les autres, ne peuvent déroger aux lois existantes.

59. Quand des contraventions existent, les commissaires de police doivent en dresser procès-verbal et les faire connaître au préfet de police, à Paris ; aux commissaires généraux de police et aux maires, dans les départements.

60. Les contrevenants, quels qu'ils soient, sont ensuite traduits devant les tribunaux *correctionnels*, qui ont juridiction pour leur appliquer les peines portées par les lois, attendu que leurs contraventions constituent de véritables délits. Le législateur a même voulu, pour assurer avec plus de promptitude l'application de ses dispositions pénales, que les procureurs généraux près des cours fussent tenus de prendre l'ini-

---

(1) L. 29 germ. an IX, art. 19 ; ordon. 28 mai 1816.
(2) Mollot, p. 24.
(3) L. vent. an IX, art. 11.

tiative de la poursuite. C'est ce qui résulte d'un avis du
conseil d'Etat, du 17 mai 1809, dont il importe de faire connaître les termes.

« Le conseil d'Etat, qui, d'après le renvoi ordonné par Sa
« Majesté, a entendu le rapport de la section de l'intérieur
« sur celui du ministre de ce département, relatif aux moyens
« de réprimer l'exercice illicite des fonctions d'agent de
« change et de courtier sur les places de commerce par des
« individus non commissionnés à cet effet, et en contraven-
« tion aux dispositions de la loi du 28 ventôse an IX, qui a or-
« ganisé les Bourses de commerce ;

« Considérant qu'il importe, sans doute, de garantir aux
« agents de change et aux courtiers de commerce, patentés et
« institués légalement, l'exercice des fonctions qui leur sont
« attribuées par la loi, exclusivement à tous autres ; mais que
« la mesure proposée de faire prononcer administrativement
« sur les délits qui sont de la compétence des tribunaux n'at-
« teindrait pas même le but qu'on désire, puisque les maires
« et les conseils de préfecture ne seraient pas investis, pour
« constater les contraventions et appliquer les peines de la
« loi, de moyens plus puissants que les tribunaux de première
« instance jugeant correctionnellement, à qui cette compé-
« tence appartient ;

« Est d'avis que le projet de décret présenté par le minis-
« tre, tendant à donner à l'autorité administrative locale l'at-
« tribution de la police de l'agent de change et du courtage,
« ne peut être adopté ;

« Qu'il convient d'appliquer à toutes les Bourses de com-
« merce les dispositions des articles 2 et 3 du décret du
« 10 septembre 1808, rendu pour l'établissement de la Bourse
« d'Amiens, portant, article 2, que le grand juge, ministre
« de la justice, donnera aux procureurs généraux l'ordre
« de poursuivre selon la rigueur des lois tous agents de
« change, courtiers et négociants contrevenant aux lois sur
« les Bourses de commerce et au Code de commerce, même
« par information et sans procès-verbaux préalables, ni dé-
« nonciation des syndics et adjoints des courtiers et agents
« de change ;

« Que le ministre de la police générale donnera des ordres

« particuliers aux commissaires de police pour veiller à l'exé-
« cution des lois sur cette matière, et informera les cours. et
« les tribunaux des faits parvenus à sa connaissance ;
« Et que le présent avis soit inséré au *Bulletin des*
« *lois*. »

L'avis du conseil d'Etat semble statuer plus spécialement à
l'égard du délit d'immixtion ; mais, en le lisant avec attention,
on reconnaît qu'il s'applique à tous les délits qui concernent
la police des Bourses. Il est rare, en effet, que les attroupements ne soient pas formés par ceux qui en profitent, c'est-
à-dire par les usurpateurs de fonctions. Nous ajouterons que
cette question relative à la compétence a été discutée en au-
dience solennelle, devant la cour de cassation, et décidée dans
notre sens, sur les conclusions conformes de M. le premier
avocat général Nicias Gaillard, par un arrêt du 26 janvier 1853.
Bien qu'il s'agit, dans cette espèce, d'une contravention commise par un courtier, le principe qui exclut la juridiction administrative a été consacré en thèse générale.

Dès la même année 1809, une circulaire fut adressée par
le ministre de l'intérieur aux chambres de commerce, pour
leur recommander de veiller avec le plus grand soin à l'exécution de l'avis ; et pourtant nous devons dire, à regret, que
cette recommandation n'a pas toujours été suivie. En 1842, la
chambre syndicale des agents de change de Paris, se fondant
sur ces dispositions, s'était adressée au préfet de police et au
ministre des finances, pour se plaindre des rassemblements
extérieurs qui avaient lieu, et demander que l'autorité pour-
suivît ceux qui en profitaient pour exercer le courtage illicite et
faciliter l'agiotage. Le délit semblait flagrant. Mais M. le préfet de police répondit, le 8 mars 1842, qu'il ne croyait pas
pouvoir agir de son chef, parce qu'on ne lui signalait ni les
individus contrevenants ni les faits d'infraction ; il déclara
que c'était à la compagnie qu'il appartenait de poursuivre,
selon le droit qu'elle tenait de la loi elle-même ; et les choses
en sont restées là. Nous ne pensons pas que de pareils motifs
d'abstention soient plausibles en présence des dispositions
qu'on vient de lire. L'autorité a toujours le moyen de connaître, par une instruction judiciaire, les auteurs et les circons-
tances d'un délit aussi grave.

61. L'arrêt du conseil du 24 septembre 1724 interdisait, par des dispositions dont le principe est resté, toutes assemblées clandestines. Les articles 12 et 13 étaient ainsi conçus : « Toutes les négociations de lettres de change, billets au por- « teur ou à ordre, marchandises, papiers commerçables et « autres effets, se feront à la Bourse, de la manière et ainsi « qu'il sera ci-après expliqué. Défend Sa Majesté, à tous « particuliers, à quelque état et condition qu'ils soient, « de faire aucune assemblée, et de tenir aucun bureau « pour y traiter des négociations, soit en maison bour- « geoise, hôtels garnis, chambres garnies, cafés et limona- « diers, cabaretiers et partout ailleurs, à peine de prison et « de 6,000 livres d'amende contre les contrevenants, paya- « bles avant de pouvoir être élargis, et applicables moitié au « dénonciateur et l'autre moitié à l'hôpital général; et seront « tenus, les propriétaires, en cas qu'ils occupent les maisons, « ou les principaux locataires, aussitôt qu'ils auront connais- « sance de l'usage qui en sera fait en contravention au pré- « sent article, d'en faire déclaration au commissaire du quar- « tier, et d'en requérir acte, faute de quoi ils seront condamnés « par corps en pareille amende de 6,000 livres applicables « comme ci-dessus. Défend très expressément Sa Majesté « aucuns attroupements dans les rues aux environs de la « Bourse, et dans toutes les autres rues de la ville et fau- « bourgs de Paris, pour y faire aucunes négociations, et sous « quelque cause et prétexte que ce soit. »

62. L'article 39 défendait aux agents de change, sous les peines établies par l'article 29, aucune négociation de lettres, billets, marchandises, papiers commerçables et autres effets. Quelles étaient ces peines ? Elles consistaient dans la destitution des contrevenants, dans l'application d'une amende de 3,000 livres payables par corps, dont la moitié pour le dénonciateur, et l'autre moitié pour l'hospice général.

63. Les arrêts du conseil des 26 novembre 1781, 7 août 1785 et 10 juin 1788 ont reproduit ces prohibitions, tout en aggravant les peines. En l'état de cette réglementation, l'immixtion dans les opérations réservées aux agents de change emportait la nullité des négociations, l'application d'une amende de 3,000 livres, et, en cas de récidive, d'une punition corporelle.

64. Avec l'arrêté de prairial an x, la question fut modifiée. Les agents de change et courtiers qui s'assemblent ailleurs qu'à la Bourse et à d'autres heures que celles fixées par le règlement de police pour proposer et faire des négociations encourent seulement la peine de la destitution (1).

Les autres individus s'assemblant ailleurs qu'à la Bourse encouraient les peines portées par la loi contre ceux qui s'immiscent dans les négociations sans titre légal, et que nous venons d'indiquer comme étant en vigueur avant le régime de l'arrêté de prairial ; c'est l'application des articles 13 de l'arrêt du conseil du 26 novembre 1781, et 8 de la loi du 28 ventôse an ix.

65. Cette dernière disposition a-t-elle abrogé celle de 1781 ? Évidemment, non. L'article 3 de l'arrêté de prairial est formel sur ce point.

Mais la question se pose sous une autre forme, et l'on s'est demandé si l'amende de 3,000 livres doit être cumulée avec celle ordonnée par l'article 1er de la loi de ventôse, ou si celle-ci n'a pas purement et simplement remplacé la première.

Ces deux articles, au fond, ont une portée presque identique : l'un déclare que l'amende peut être portée de 3,000 à 10,000 livres ; l'autre la fixe, comme maximum, au sixième du cautionnement, soit 10,000 francs, ce dernier étant alors de 60,000 francs, et comme minimum, au douzième de ce même cautionnement, soit 5,000 francs. On voit que ces deux dispositions ne varient que par la différence du minimum. Aussi est-on d'accord pour reconnaître qu'en ce qui concerne l'amende l'article 8 de la loi de l'an ix a remplacé l'article 13 de l'arrêt de 1781.

Au surplus, il y a entre les deux rédactions une nuance qui ne doit point nous échapper. Il y apparaît, de la part du législateur, l'intention bien manifeste de ne préciser que bien indirectement le taux de l'amende. C'est ainsi qu'il le proportionne au cautionnement : sans cela, il n'aurait eu qu'à modifier, en ce qui concerne le minimum, la première formule.

---

(1) Art. 3.

66. Cette remarque nous conduit à dire, contrairement à l'opinion admise (1), que le montant de l'amende doit varier avec celui du cautionnement, auquel il est proportionné. Sur ce point, en effet, l'article nous paraît nettement formulé quand il porte que l'*amende sera du sixième du cautionnement des agents de change et courtiers de la place, et au moins du douzième*. Il n'y a pas à considérer si le cautionnement a été élevé pour en faire résulter l'abrogation de cette disposition : ce serait là de l'argumentation arbitraire ; on ne saurait l'admettre sans se voir obligé de tenir compte aussi de la différence survenue depuis lors dans la valeur de l'argent.

67. Notons, au sujet de l'application de cette peine, que le quantum ne peut en être diminué par l'intervention de l'article 463 du Code pénal. On sait, en effet, que cet article ne peut être appliqué aux dispositions pénales comprises dans des lois spéciales, à moins que cela n'y soit clairement exprimé.

68. Le produit de l'amende, aux termes de l'article 8 de la loi de l'an IX, doit être attribué aux enfants abandonnés. C'est à tort que Mollot (2) considère comme étant en vigueur l'arrêt de 1714 qui veut qu'il soit partagé et affecté, moitié au dénonciateur, moitié à l'hospice général.

69. Nous avons vu qu'en vertu du même article l'amende doit être prononcée correctionnellement par les tribunaux de première instance.

Nous puiserons dans cette disposition un argument en faveur de la thèse qui représente comme n'étant plus applicable la punition corporelle. En effet, cette peine, telle qu'elle était conçue, ne pourrait être prononcée que par la cour d'assises : on en arriverait à traiter aussi durement que des criminels ceux qu'elle vise.

70. Il est défendu, dit l'arrêté de l'an X, de s'assembler ailleurs qu'à la Bourse pour proposer et faire des négociations. D'où il résulte que les agents de change et courtiers opèrent avec légalité, même à l'extérieur de la Bourse, lors-

---

(1) Dalloz, V° BOURSES DE COMMERCE, 164; Mollot, 15.
(2) Mollot, 18.

que chacun d'eux va isolément chez les divers négociants qu'il a pour clients et se constitue leur intermédiaire. Doit-on en conclure qu'il y a rassemblement dès que deux agents ou courtiers opèrent simultanément? M. Locré (1), se fondant sur les discussions qui ont eu lieu à ce sujet au conseil d'Etat, soutient l'affirmative. Nous adoptons cette doctrine comme répondant exactement aux termes absolus de la loi, à laquelle on ne saurait, sans raison juridique, assigner une limite, quelle qu'elle fût.

71. Enfin, indépendamment des peines portées par les articles 3 et 4 de l'arrêté de l'an x, ceux qui s'assemblent ailleurs qu'à la Bourse ou à d'autres heures fixées par les règlements peuvent en être exclus, et, en cas de récidive, être déclarés par le gouvernement incapables de parvenir aux fonctions d'agent ou courtier. D'où il résulte que l'exclusion prononcée pour la première contravention n'est que temporaire ; car si elle était définitive elle rendrait par cela même les délinquants incapables de remplir les fonctions d'agent de change ou courtier.

72. Malgré les textes formels qui interdisent, en dehors des dispositions légales, les rassemblements, des réunions extraréglementaires n'ont cessé d'avoir lieu ; elles ont eu successivement lieu sur les boulevards des Panoramas et au café Tortoni, en plein air. Elles s'effectuent aujourd'hui dans un grand établissement financier : elles ont reçu le nom de *Petite Bourse*. Consacrées par un usage permanent, malgré certaines tentatives de la préfecture de police, qui a bien souvent cherché à les dissoudre, on paraît ne plus songer à leur illégalité.

73. L'article 10 de la loi du 28 vendémiaire an iv défend à tout agent de change de prêter son ministère, pour aucune négociation de papier sur l'étranger, dans l'intervalle d'une bourse à l'autre, à des prix plus chers que ceux qui auraient été cotés à l'issue de la Bourse précédente, sous peine de destitution. Cette loi n'a pas été explicitement abrogée, mais elle est tombée en désuétude et ne s'exécute plus à Paris.

---

(1) Mollot, V° Bourses de commerce.

74. L'article 7 de l'ordonnance de police du 1er thermidor an ix porte que les noms et les demeures des agents de change et courtiers de commerce doivent être inscrits sur un tableau placé dans un lieu apparent de la Bourse. Un autre tableau contenant les noms des agents de change et des courtiers destitués ou suspendus de leurs fonctions doit également y être placé.

CHAPITRE VII.

75. Aux termes de l'article 2 de la loi du 28 ventôse an ix, le gouvernement est autorisé à affecter à la tenue des Bourses les édifices qui ont été antérieurement consacrés à cet usage et qui ne sont pas aliénés. Il peut assigner à cette destination tout ou partie d'un édifice appartenant à l'État dans les lieux où il n'y a pas de bâtiments qui y aient été affectés. Les banquiers, les négociants et les marchands peuvent aussi ouvrir des souscriptions pour former des établissements de ce genre avec l'autorisation du gouvernement.

Conformément à cette loi, les Bourses de commerce, réorganisées dans les principales villes, ont été établies, soit dans des édifices appartenant à l'État, soit dans des bâtiments communaux, soit enfin dans des constructions élevées aux frais des commerçants, dans les places de commerce où il n'y avait pas d'édifice public qui pût convenir à cette destination. A Paris, le palais de la Bourse, commencé aux frais de l'État, a été terminé à l'aide de contributions particulières établies sur les commerçants de la capitale. La compagnie des agents de change a payé annuellement pendant sept ans la somme de 25,000 francs. La ville de Paris a aussi concouru, dans une proportion considérable, aux frais de cette importante construction. Cependant le sol sur lequel la Bourse nouvelle est édifiée étant la propriété de l'État, le bâtiment n'en appartenait pas moins au domaine. Mais une loi du 17 juin 1829 a autorisé le ministre des finances à en faire l'abandon en faveur de la ville de Paris, ce qui a eu lieu.

76. D'après l'article 5 précité de l'arrêté du 12 brumaire an xi, les travaux à faire aux bâtiments des Bourses de com-

merce doivent être déterminés par le préfet, avec les mêmes
formalités que les travaux publics nationaux, et après adju-
dication au rabais, si le montant du devis estimatif excède
500 francs.

77. Les lois de l'an ix, ni aucune autre postérieure, ne dé-
clarent que les édifices de l'État, qui seront affectés à l'établissement des Bourses de commerce, appartiendront aux
villes où ils sont situés. Ils n'ont pas cessé, par conséquent,
d'être sa propriété. Il en est de même pour les édifices qui ont
été construits depuis sur le terrain de l'État, encore qu'ils
l'aient été aux frais du commerce et des villes. La propriété
du sol a fait acquérir celle des constructions : *Ædificium
solo cedit.*

CHAPITRE VIII.

78. L'entretien des Bourses de commerce entraînant des dépenses inévitables, il était nécessaire de créer des ressources spéciales pour y subvenir, en même temps que de les faire supporter par ceux qui profitent de cette institution.

Le principe de cette imposition particulière fut posé par a loi du 28 ventôse an ix, qui la mettait à la charge des banquiers, négociants et marchands. Il a été maintenu par toutes les lois postérieures.

D'après cette loi, dont un arrêté du 12 brumaire an xi régla l'exécution, le montant de la contribution est fixé, chaque année, selon les besoins. Comme c'est un impôt direct, il est indispensable que la loi de finances annuelle en fasse mention.

79. Les réparations et entretien des Bourses sont supportés par les patentables des trois premières classes du tableau A, annexé à la loi des patentes du 15 juillet 1880, et par ceux indiqués dans les tableaux B et C, comme passibles d'un droit égal ou supérieur à celui de ces classes. Les associés des établissements qui font partie des classes et des tableaux ci-dessus désignés doivent naturellement contribuer aux frais des Bourses de commerce (1). Mais ils y contribuent que sous réserve des dispositions établies par les art. 20 et 21 de la loi du 15 juillet 1880, en ce qui concerne le payement des droits principaux de patentes.

80. Le montant de ces dépenses est arrêté chaque année

---

(1). L. 28 vent. an ix, art. 4.; L. 23 juillet 1820, art 11 et 12; L. 25 avril 1844, art. 23; L. 15 juil. 1880, art. 38.

par le préfet du département dans lequel est le siège de la Bourse (1). Nul autre que ce fonctionnaire n'a le droit de s'immiscer dans l'examen du budget des Bourses (2). Comme il serait injuste de faire supporter les frais d'entretien d'une Bourse à ceux qui n'en retirent aucun avantage, le rôle relatif aux frais qu'elle occasionne ne doit comprendre que les patentables de la ville où elle est établie, conformément aux tableaux ci-dessus mentionnés (3).

La contribution spéciale destinée à subvenir à ces dépenses n'est pas due par le patentable à raison de l'une des professions libérales qu'énumère le tableau G annexé à la loi du 18 mars 1850, et notamment par les avoués (4).

81. La loi du 17 juin 1829 qui autorise l'abandon du palais de la Bourse à la ville de Paris, portant qu'à l'avenir celle-ci demeurera chargée de son entretien, peut-on mettre en doute qu'il y ait lieu à percevoir, pour cet entretien, les contributions spéciales ordonnées par les lois spéciales? Non. Quand la loi de 1829 a décrété l'abandon de la propriété au profit de la ville de Paris, elle a voulu fixer en même temps la conséquence de cet abandon, et elle a dit que l'entretien de la Bourse demeurerait désormais à la charge de la ville devenue propriétaire. Mais cette disposition ne touche pas les contributions particulières, qui sont destinées à subvenir aux frais de Bourse. Les contributions peuvent être insuffisantes, et dans ce cas, que la loi de 1829 a dû prévoir, c'est la ville de Paris qui est tenue à payer l'excédent des dépenses. La loi du 2 août suivant a déclaré que les impôts ordinaires affectés aux frais des Bourses de commerce seraient perçus, pour 1830, comme par le passé, sans en excepter Paris plus que les autres villes.

82. La contribution dont il s'agit ne peut être perçue que pour l'entretien et la réparation des Bourses, et non pour leur acquisition, à moins que la loi ne lui assure cette destination par une disposition particulière.

---

(1) L. 28 vent. an IX, art. 4.
(2) C. d'Et. cont. 12 avril 1829.
(3) L. 23 juillet 1820, art. 14; 25 avril 1844, art. 33. L. 15 juillet 1880, art. 38.
(4) C. d'Et. cont. 24 mars 1859, D. P. 59. 3, 66.

On tenta de la remplacer par un droit d'entrée dont la perception fut ordonnée, à Paris, par un décret du 17 décembre 1856. Cette mesure fut mal accueillie, et elle disparut le 22 novembre 1861. Elle était, d'ailleurs, illégale, à notre avis.

83. Aux termes de l'article 4 de l'arrêté du 12 brumaire an II, le montant des recettes pour subvenir aux dépenses des Bourses de commerce doit être versé entre les mains d'un négociant de la ville .désigné, par le préfet. Ce négociant acquitte les mandats que le préfet délivre aux ouvriers qui ont fait les travaux. Le compte des fonds provenant des contributions est examiné à la fin de chaque année par le tribunal de commerce et arrêté par le préfet (1).

84. L'administration des Bourses de commerce, en dehors de la surveillance spéciale qui incombe à certains fonctionnaires de police, appartient au gouvernement et aux villes, suivant que les édifices consacrés aux Bourses sont la propriété de l'État ou des communes. A la vérité, l'article 3 de la loi du 28 ventôse an IX et l'article 4 de l'arrêté de brumaire an XI semblent confier cette administration exclusivement à l'État, et mettre à sa charge les travaux à faire aux bâtiments des Bourses. Mais il est évident, et c'est, du reste, ainsi que ces textes ont été entendus dans l'exécution, que lorsque les édifices appartiennent aux communes, c'est par elles qu'ils doivent être administrés, et que les travaux qu'ils nécessitent doivent demeurer à leur charge.

85. Telle est du moins la règle générale. En effet, quand, dans une même ville, il existe une Bourse et une chambre de commerce, c'est à cette dernière que revient l'administration de la Bourse. Cette intervention administrative consiste à assurer l'exécution du service matériel, l'entretien, la réparation, le chauffage, l'éclairage. A cet effet, sur la proposition des chambres de commerce, un décret annuel fixe la somme à imposer pour subvenir aux dépenses des Bourses. Le produit de cette contribution, dont disposent les chambres, leur est payé sur mandat des préfets. Mais cette exception

----

(1) Arr. 12 brum. an XI, art. 6.

ne porte aucune atteinte aux droits spéciaux des fonctionnaires de police, dont nous parlions plus haut.

Nous examinerons, en étudiant les chambres de commerce, certaines questions relatives au budget et à l'administration des Bourses de commerce. (Voy. V[o] CHAMBRES CONSULTATIVES.)

TITRE II.

AGENTS DE CHANGE.

86. Nous n'avons pu aborder l'étude des Bourses de commerce sans pénétrer, sur plusieurs points, dans celle que comporte l'institution des agents de change et courtiers. D'un autre côté, les opérations confiées à ces officiers publics relèvent moins du droit administratif proprement dit que du droit commercial et souvent aussi du droit pénal. Ces questions spéciales ne seront donc l'objet que d'un rapide aperçu, en dehors de celles essentiellement administratives.

CHAPITRE PREMIER.

87. Les agents de change et courtiers sont des officiers publics, exclusivement préposés à la négociation des effets publics et particuliers, entre toutes personnes, que le gouvernement nomme et autorise à s'interposer entre les négociants de tous genres, pour faciliter leurs opérations de change ou de commerce (1).

88. On ne saurait assigner une date précise à la naissance de cette institution. Une ordonnance de Philippe le Bel, du mois de février 1304, atteste que des intermédiaires légaux existaient dès lors, sous la dénomination de *courretiers*, pour le change et les denrées. En janvier 1302, une ordonnance fut rendue, qui contenait une sorte de règlement les concernant. En 1572, Charles IX, par un édit de juin, créa des *courretiers* de change, deniers et marchandises *en titre d'offices*. Un arrêt du conseil, en date du 15 avril 1597, défendit à toutes autres personnes de s'entremettre dans l'exercice des fonctions des courretiers, sous peine de punition corporelle, crime de faux et 500 écus d'amende.

89. Au début, le même office comprit indistinctement les opérations de change, la négociation des effets, la vente des denrées et marchandises. La ville de Lyon fut dotée de douze charges : Paris n'en eut que huit.

90. Ainsi conçue, cette organisation ne tarda pas à im-

---

(1) C. de c., art. 74. V. Rapport de Panvilliers au tribunat sur le Code de commerce.

primer aux opérations de finances un essor considérable. Le rôle de ces *courretiers* se répandit et acquit une importance telle, que, vers la fin du règne de Louis XIV, ils furent en état de procurer des emprunts aux fermiers généraux. Cent seize nouvelles charges furent créées en 1705, et les titulaires reçurent tous le titre de *conseillers agents de banque, change, commerce et finances,* en même temps que divers droits et prérogatives. A la suite de quelques opérations véreuses, dues à des officiers indignes de leurs fonctions, le gouvernement voulut se réserver, sur les nominations, un droit de choix absolu ; il supprima les offices et leur vénalité en 1720 et 1724 (1). Mais cette mesure fut rapportée le 19 mars 1786.

91. Les lois des 17 mars et 8 mai 1791 supprimèrent les offices : cette dernière, en laissant à toute personne l'exercice des professions d'agent de change et de courtier, leur ordonna, dans les termes les plus exprès, de se conformer aux anciens règlements sur les Bourses de commerce.

92. L'intérêt général du commerce et de la société exige que les actes d'un ministère aussi grave ne puissent être confiés qu'à des hommes dignes de la confiance publique à tous les titres, par leur solvabilité, leur moralité, leur aptitude. Il fallait tenir compte de cette considération : ce fut l'objet de la loi du 28 vendémaire an IV, qui déclara que les fonctions seraient exclusives, et principalement de la loi du 28 ventôse an IX.

93. Les autres dispositions qui régissent la matière sont :
L'arrêté du 29 germinal an IX ;
L'arrêté du 27 prairial an X ;
La loi du 25 nivôse an XIII ;
La loi du 6 ventôse an XIII ;
Le Code de commerce, livre Ier, titre VI ;
La loi de finances du 18 avril 1816 ;
Les ordonnances royales des 1er et 29 mai et 3 juillet 1816 ;
L'ordonnance royale du 9 janvier 1818 ;

---

(1) Arr. 30 août 1720 et 24 septembre 1724.

La loi de finances du 25 juin 1841 ;
Celle du 25 avril 1844 ;
Le décret du 3 septembre 1851 ;
Celui du 13 octobre 1859 ;
La loi du 2 juillet 1862 ;
Le décret du 2 octobre 1862 ;
Celui du 5 janvier 1867.
La loi de finances du 15 juillet 1880.

CHAPITRE II.

94. Aux termes des lois des 28 ventôse an IX et 2 juillet 1862, toutes les villes où il existe des Bourses de commerce sont pourvues de places d'agent de change. Ce n'est qu'exceptionnellement que l'on en rencontre quelques-unes où, en l'absence de Bourses, le gouvernement, y tenant compte des nécessités du commerce, a autorisé la création de ces offices.

95. Les agents de change doivent résider dans la commune que leur assigne leur commission. Institués pour l'utilité du commerce, il faut qu'ils soient toujours dans le lieu où le pouvoir a jugé leur ministère nécessaire, afin de se charger des négociations que les commerçants leur confient. Ils ne peuvent exercer leur ministère hors de là circonscription communale (1), et même hors de l'enceinte de la ville où leur résidence est établie (2).

96. Le nombre des agents de change est laissé à l'appréciation du gouvernement. Aucun texte ne limite ses pouvoirs à cet égard. Il est vrai que l'ordonnance du 29 mai 1816 cite dans son préambule la déclaration du 19 mars 1786, l'arrêt du conseil du 10 septembre et les lettres patentes du 4 novembre de la même année, en rappelant qu'ils fixent irrévocablement à soixante le nombre des agents de change de Paris, sans pouvoir être augmenté, sous quelque prétexte que ce soit. Mais cette décision ne saurait avoir le caractère d'irrévocabilité, qui n'appartient à aucune loi. Le gouvernement a

---

(1) Rouen, 4 mai 1839. Dalloz, V° BOURSES, n° 464.
(2) Paris, 27 nov. 1844. Dalloz, V° BOURSES, n° 225.

le droit d'augmenter ou diminuer à sa guise le nombre des agents de change, qui varie avec l'importance du mouvement des affaires de chaque place, et qui est aujourd'hui ainsi fixé : à Paris, 60 ; — à Lyon, 30 ; — à Bordeaux et Marseille, 20 ; — à Nantes, 10 ; — à Toulouse, 8 ; — à Lille et Nice, 6.

97. Nous avons vu plus haut que les villes que nous venons de désigner sont dotées de Bourses munies de parquet : les agents de change qui y résident sont nommés par le Président de la République, sur le rapport du ministre des finances. Ceux des autres villes sont nommés sur le rapport du ministre du commerce (1) ; toutefois, comme la loi du 14 avril 1819 a établi dans chaque chef-lieu de département un livre auxiliaire de la dette publique, et qu'aux termes de l'article 6 de l'ordonnance du même jour, le transfert doit s'opérer avec le concours des agents de change, il est naturel que, pour tout ce qui tient à cette partie de leurs fonctions, ces derniers soient soumis à l'autorité du ministre des finances (2).

98. Le candidat aux fonctions d'agent de change est soumis à certaines conditions de capacité et d'âge. Il doit jouir des droits de citoyen français (3). Cette qualité est tellement indispensable, que celui qui a été admis à exercer sa fonction doit être présumé Français (4).

Il doit être majeur (5). L'article 21 de l'arrêt du conseil du 24 septembre 1724 ayant fixé cette majorité à vingt-cinq ans accomplis, quelques auteurs prétendaient que cette limite n'avait pas été remplacée, dans l'arrêté de l'an IX, par celle de vingt-un ans. D'autres, comme Mollot, prétendaient au contraire la ramener à l'âge de dix-huit ans. Le décret du 1er octobre 1862, en fixant cette majorité à vingt-cinq ans pour les agents de change des places pourvues de parquet, a entendu l'abaisser à vingt-un ans dans tous les autres cas.

Il est tenu de justifier qu'il a exercé la profession d'agent

---

(1) Ord. 29 mai 1816.
(2) Mollot, p. 78.
(3) Arr. 29 germinal an IX, art. 7.
(4) Paris, 20 déc. 1825. Dalloz, V° DROITS CIVILS ET POLITIQUES.
(5) Arr. 29 germ. an IX.

de change, banquier ou négociant, ou travaillé dans une maison de banque, de commerce, ou chez un notaire, à Paris, pendant quatre ans au moins. Cette condition a été rendue moins étroite par la jurisprudence administrative qui admet comme équivalent parfait de toute espèce de stage le grade de licencié en droit et autorise le stagiaire à travailler dans une étude de notaire de la province.

99. Les candidats doivent produire des actes constatant qu'ils remplissent ces conditions. A Paris, et sur les six autres places à parquet, ils doivent produire en outre un certificat d'aptitude et d'honorabilité, signé par les chefs de plusieurs maisons de banque ou de commerce bien connues sur la place. Ils peuvent, nantis de ces pièces, être présentés au gouvernement.

100. Depuis le décret du 1er octobre 1862, pour toute la France, le candidat à une charge nouvelle est présenté par la chambre syndicale : celle-ci adresse la présentation, à Paris, au ministre des finances, et, dans les départements, au préfet qui la transmet, avec son avis, au ministre compétent. La présentation faite par le titulaire qui use du bénéfice de la transmission reconnue par la loi de 1816 ne peut avoir lieu qu'en faveur d'un candidat qui a obtenu l'agrément de la chambre syndicale et qu'après approbation par le ministre des finances de l'acte contenant les conditions de la démission ; elle est accompagnée de la démission du titulaire, du traité de cession et des pièces établissant que les conditions prescrites pour la régularité de la présentation et la validité de la nomination ont été remplies.

101. Lorsque des agents de change se sont adjoint des bailleurs de fonds intéressés, les actes qui ont été passés à cet égard, après avoir été communiqués à la chambre syndicale et au ministre des finances, sont publiés par extrait, conformément aux dispositions des articles 42 et suivants du Code de commerce.

102. La faculté accordée aux agents de change de présenter leurs successeurs, le droit qui en est résulté de stipuler une somme comme prix de leur démission, ont donné naissance en leur faveur à un droit véritable de propriété sur leurs offices. Ce principe a été consacré par la juris-

prudence la plus constante (1). Toutes les conséquences qui dérivent de cette règle doivent, d'ailleurs, être admises, pourvu qu'elles ne soient pas incompatibles avec la prérogative du chef de l'État et l'intérêt public. Ainsi les offices sont réputés meubles (2) et entrent dans la communauté existant entre le titulaire et sa femme (3). Ils font partie de la succession de l'agent de change et leur produit doit être compris dans le compte de l'héritier bénéficiaire (4). Ils sont grevés d'un privilège en faveur du vendeur non payé (5).

103. En cas de *faillite* d'un agent de change, le précédent titulaire de l'office n'a point de privilège pour prix de la vente consentie par lui.

104. Au cas de destitution, le titulaire est déchu de la faculté de présenter un successeur, et, par conséquent, de vendre son titre.

Toutefois, le gouvernement est dans l'usage d'imposer au nouveau titulaire l'obligation de payer *à qui de droit* une somme déterminée, qui doit être partagée comme l'aurait été le prix stipulé par l'agent de change destitué (6).

105. L'office d'un agent de change ne saurait être ni saisi ni vendu aux enchères, sur la poursuite des créanciers du titulaire (7).

106. Les titulaires d'office ne sont point libres de fixer un prix arbitraire pour leurs charges; l'administration supérieure, dans l'intention de protéger les nouveaux titulaires et le public contre les conséquences d'engagement trop onéreux, ne permet pas qu'il soit porté au delà de la valeur réelle de l'office, fixée d'après des documents que les titulaires vendeurs sont tenus de fournir.

107. Les contre-lettres qui auraient pour objet d'aggraver

---

(1) Req. 20 juin 1880. Besançon, 25 mars 1828 ; Lyon, 9 fév. 1830; Rennes, 14 nov. 1832 ; Paris, 11 déc. 1834; Bordeaux, 20 mars 1840. — Rapp. de M. Suppey à la Ch. des dép. (*Monit.* du 20 sept. 1830.)
(2) C. civ. 516 et 529.
(3) Agen, 2 déc. 1836 ; Bordeaux, 2 juillet 1840.
(4) Dalloz, V° Succession.
(5) Req. 16 fév. 1831 ; Toulouse, 22 fév. 1840.
(6) Paris, 11 déc. 1834.
(7) Caen, 12 juillet 1827 ; Limoges, 10 novembre 1830 ; Paris, 17 novembre 1838.

les charges imposées à l'acquéreur dans le traité, quant au prix de l'offre lui-même, sont susceptibles d'être annulées et sont considérées comme une cause de destitution des signataires.

108. Le postulant qui remplit les diverses conditions que nous venons d'énumérer et d'examiner peut être nommé par décret du chef de l'État. S'il est agréé, il lui est délivré, pour lui servir de commission, une ampliation du décret qui le nomme.

109. L'ampliation est assujettie au timbre. En outre, délivrée à un titulaire nommé à un office vacant, l'ampliation est soumise à un droit d'enregistrement de 2 0/0 sur le montant du cautionnement attaché à l'office. La remise de l'ampliation s'opère sur présentation par le titulaire de la quittance de versement ou récépissé du cautionnement auquel il est tenu ; ce récépissé est échangé plus tard contre un certificat d'inscription de cautionnement.

110. En effet, avant d'entrer en fonctions, celui-ci doit d'abord verser au Trésor un cautionnement dont le chiffre varie selon l'importance des villes. — Il a pour objet de garantir tous ceux qui pourraient avoir à souffrir des fautes commises, par l'officier public dans l'exercice de ses fonctions.

111. Le cautionnement des agents de change, comme celui de tous les autres officiers ministériels, est affecté par premier privilège à la garantie des condamnations qui pourraient être prononcées contre eux par suite *de l'exercice de leurs fonctions* (1).

112. Les fonds du cautionnement peuvent être fournis, en tout ou en partie, par un tiers-prêteur, qui acquiert sur la somme prêtée un privilège de *second ordre*, en se conformant à la loi du 25 nivôse an XIII et aux décrets des 28 août 1803 et 22 décembre 1812.

113. Mais ce privilège ne peut appartenir qu'à ceux qui ont bien réellement fourni les fonds du cautionnement.

114. Après le versement du cautionnement dont, il est justifié par un récépissé délivré par le Trésor, le titulaire est

____

(1) L. 25 nivôse an XIII, art. 2.

admis à prêter serment devant le tribunal de commerce (1).

115. Aux termes de l'article 11 de l'arrêté du 29 germinal an XI, l'agent de change qui ne verse pas tout ou partie de son cautionnement doit être rayé du tableau. Cette disposition est absolue et n'admet aucun tempérament (2).

Lorsque le cautionnement d'un agent de change se trouve entamé par suite d'une condamnation prononcée contre lui pour fait de charge, il doit être suspendu de ses fonctions, jusqu'à ce qu'il l'ait complété entièrement. — Les noms des agents de change ainsi suspendus doivent être affichés à la Bourse (3).

116. Trois cas d'exclusion peuvent frapper l'agent de change qui sollicite une charge : 1° une faillite ; 2° une destitution antérieure ; 3° une condamnation pour exercice illégal des fonctions d'agent de change ou courtier.

117. Nous savons que, pendant plusieurs années, les fonctions d'agent de change et de courtier ne constituèrent qu'une seule et même charge. Ces deux professions sont aujourd'hui expressément séparées l'une de l'autre. Néanmoins la loi réserve au gouvernement la faculté d'autoriser, lorsqu'il le juge utile, le cumul des deux fonctions (4). Il est statué sur ce point par des décrets particuliers. Toutefois, la loi du 18 juillet 1866 ayant rendu libre l'exercice du courtage des marchandises, le cumul des fonctions d'agent de change n'est plus possible qu'avec celles de courtier d'assurances et de courtier interprète et conducteur de navires.

118. Nous avons vu, en étudiant les Bourses de commerce, que les agents de change ont le droit de constater le cours des effets publics, des actions et des obligations des sociétés anonymes et des actions des autres sociétés commerciales ou industrielles, le cours du change et des matières métalliques. Ces attributions sont de leur domaine exclusif et ne peuvent, en aucun cas, être exercées par d'autres personnes ou agents. Là où leurs fonctions n'existent pas, la constatation des

---

(1) Arr. 29 germ. an IX, art. 9.
(2) Cons. d'Etat, cont. 23 juillet 1824.
(3) Arr. 27 pr. an X, art. 13.
(4) C. de c., art. 81.

cours ne peut avoir lieu. Bien plus, ces attributions n'appartiennent pas toutes à la généralité des agents de change ;
d'après la jurisprudence du ministère des finances, les agents
de change de Paris sont seuls appelés à constater le cours
des fonds du gouvernement français et des gouvernements
étrangers ; la cote de ces fonds reste centralisée à Paris.

119. Là où il est institué, l'intervention de leur ministère
est quelquefois obligatoire. Les agents de change peuvent
seuls opérer la négociation des titres nominatifs d'effets publics, actions et obligations des sociétés anonymes, etc. Dans
les villes où il n'existe pas d'agents de change, leur ministère,
dans ce cas spécial, est suppléé par celui du notaire.

120. Il est d'autres attributions à raison desquelles le recours à leur entremise est facultatif pour les particuliers.
Cette troisième catégorie comprend la négociation des titres
au porteur de toutes sortes, des lettres de change et généralement de tous effets de commerce et des matières métalliques. Tout individu, dans les lieux où le gouvernement n'a
pas établi d'agents de change, peut librement exercer ces
attributions. Nous savons aussi que les fonctions des agents
de change constituent un privilège : nous en avons examiné
la sanction en traitant de la police des Bourses de commerce.

121. Les agents de change, dont les fonctions ont une
grande analogie avec celles des notaires, sont des officiers
publics.

122. Sont-ils commerçants ? Pendant longtemps la plupart
des auteurs se sont ralliés à l'affirmative qui avait été con-
sacrée par un arrêt de la cour de Rennes en date du 26 janvier 1839 (1). Cette opinion fut adoptée aussi par le ministère
du commerce. Mais, à la suite d'une controverse prolongée
entre ce département ministériel et celui de la justice, dont
l'interprétation était toute différente, la solution en fut déférée
au conseil d'Etat. Cette haute assemblée, par un avis en date
du 14 avril 1853, très justement motivé, considérant que les
agents de change sont institués par le chef du gouvernement

---

(1) Dalloz, 467.

et assujettis à un cautionnement, d'où résulte pour eux le caractère d'officiers ministériels, parmi lesquels la loi du 28 avril 1816 les a nommément rangés, considérant que la qualité d'officier ministériel est incompatible avec tout commerce, s'est prononcée en faveur de l'opinion du garde des sceaux. Ainsi, il demeure décidé, à moins qu'une loi n'intervienne, que les agents de change ne sont pas commerçants.

123. L'article 13 de l'arrêté du 29 germinal an ix exigeait formellement que les émoluments des agents de change fussent fixés par un tarif émanant du pouvoir souverain. Dans la pratique, cette disposition n'a reçu aucune application. Seulement, l'arrêté du 27 prairial an x a décidé que, jusqu'à nouvel ordre, les tarifs précédemment arrêtés par les tribunaux de commerce seraient suivis, et il a défendu aux agents de change de percevoir d'autres droits sous peine de concussion. Ces droits varient légèrement suivant les places de commerce.

124. Quatre causes peuvent entraîner la cessation des fonctions : 1° le décès du titulaire ; 2° sa démission volontaire, qui n'est définitive qu'après le retrait du cautionnement et la nomination du successeur ; 3° sa destitution qui est prononcée soit par le gouvernement, soit par les tribunaux saisis de la contravention qui la motive ; 4° la suppression de l'office ; dans ce cas, lorqu'à défaut de traité le décret portant suppression fixe une indemnité à payer au titulaire de l'office supprimé ou à ses héritiers, il est perçu sur l'ampliation de ce décret un droit d'enregistrement de 2 0/0 du montant de l'indemnité (1).

125. La cessation des fonctions est déclarée au greffe du tribunal de commerce de la résidence du titulaire. Cette déclaration est affichée dans le lieu des séances du tribunal pendant trois mois. On la fait afficher pendant le même délai à la Bourse.

126. Passé ce délai, la demande en remboursement du cautionnement est adressée au ministre des finances, avec les pièces suivantes à l'appui : 1° le certificat d'inscription du

---

(1) L. 25 juin 1841, art. 13.

cautionnement, ou, à défaut, une déclaration de perte faite, sur papier timbré et dûment légalisée; s'il n'y a pas eu de certificat d'inscription, les récépissés de versement ou certificats des comptables du Trésor qui ont reçu les fonds. Les bailleurs de fonds doivent produire, au lieu du certificat d'inscription, le certificat de privilège de second ordre qui leur a été décerné, ou une déclaration de perte dans la forme susindiquée ; 2° un certificat du greffier du tribunal de commerce du ressort, visé par le président, constatant que la cessation des fonctions a été affichée pendant trois mois, que, pendant cet intervalle, il n'a été prononcé contre l'agent de change aucune condamnation pour fait relatif à ses fonctions, et qu'il n'existe au greffe aucune opposition à la délivrance du certificat, ou que les oppositions survenues ont été levées ; 3° un certificat délivré par le syndic de la compagnie dont faisait partie le titulaire, constatant que la cessation de ses fonctions a été affichée pendant trois mois à la Bourse. Ce certificat est visé par le président du tribunal de commerce du ressort, lequel, s'il n'existe pas de Bourse à la résidence du titulaire, en fait mention dans son visa au bas du certificat du greffier (1).

---

(1) Arr. 24 germ. an VIII, et L. 25 nov. an XIII.

CHAPITRE III.

COURTAGE CLANDESTIN.

127. Après avoir réglé avec soin tout ce qui constitue les fonctions des agents de change, la loi devait les protéger contre les usurpations commises à leur préjudice par des individus sans qualité. De là les dispositions prohibitives qui, de tout temps, ont sévi contre de pareils envahissements pratiqués, soit en dedans, soit en dehors de la Bourse. Nous avons vu quelles peines sont réservées aux contrevenants par l'article 23 de l'arrêt du conseil du 26 novembre 1781, par l'article 8 de ventôse an IX, les articles 4 et 5 de l'arrêté de prairial an X. L'article 6 de ce dernier arrêté punit même les individus qui favorisent les usurpateurs.

128. Il suit de ces dispositions successives : 1° qu'il est défendu à toute personne étrangère aux fonctions d'agent de change de s'y immiscer, sous quelque prétexte que ce soit; 2° qu'il est défendu à tout négociant de confier ses opérations de Bourse à un autre qu'à un agent de change ; 3° que la compagnie des agents de change est chargée, comme l'autorité elle-même, de veiller à la conservation de ses propres droits; 4° que les contrevenants sont soumis à des poursuites correctionnelles. C'est ainsi que, sans avoir jamais pu y arriver, la loi s'est toujours efforcée de repousser ceux que l'on désigne sous le nom de coulissiers.

129. L'article 4 de l'arrêté de prairial an X permet à tous particuliers de négocier, entre eux et par eux-mêmes, les lettres de change à leur ordre ou au porteur, et tous les effets de commerce qu'ils endossent, et de vendre aussi par eux-mêmes leurs marchandises.

130. Aux termes de l'article 7 du même arrêté, toutes négociations faites par des intermédiaires sans qualité sont déclarées nulles. Les délinquants peuvent, en outre, être condamnés à des dommages-intérêts (1).

(1) Cass., Rej. 14 août 1818.

CHAPITRE IV.

OBLIGATIONS ET PROHIBITIONS.

131. Les agents de change peuvent se charger des négociations, faites au comptant ou à terme, des effets, quels qu'ils soient. Les marchés à terme sont réglés par une loi récente survenue à la suite d'un grand désastre financier dont la Bourse fut le théâtre (1).

132. Ils doivent se faire remettre les effets qu'ils sont chargés de vendre, ou les sommes nécessaires pour payer ceux qu'ils sont chargés d'acheter (2).

133. De même que les courtiers, ils ne peuvent refuser de signer des reçus ou reconnaissances des effets qui leur sont confiés (3).

134. Les uns et les autres sont tenus d'avoir un registre revêtu des formes prescrites par l'article 11 du Code de commerce (4).

135. Quand deux agents de change ou courtiers ont commencé une opération, chacun d'eux doit l'inscrire sur son carnet et la montrer à l'autre (5).

136. L'agent de change doit remettre aux parties un bordereau ou arrêté, signé par eux, et constatant l'opération dont il a été chargé (6).

137. Il doit aussi garder le secret le plus inviolable aux personnes qui l'ont chargé de négociations (7).

---

(1) L. 28 mai 1885.
(2) Arr. 27 pr. an x, art. 13.
(3) *Ibid.*, art. 11.
(4) C. de c., art. 84.
(5) Arr. 27 pr. an x, art. 12.
(6) C. de comm., art. 109.
(7) Arr. 27 pr. an x, art. 19.

138. L'agent de change doit justifier de l'ordre qu'il a reçu et se faire donner par son client décharge du produit de la négociation.

139. Il ne peut refuser son ministère à ceux qui le sollicitent.

140. L'agent de change ne peut, en aucun cas et sous aucun prétexte, faire des opérations de commerce ou de banque pour son compte. Il ne peut s'intéresser directement ni indirectement, sous son nom ou sous un nom supposé, dans aucune entreprise commerciale. Il ne peut recevoir ni payer pour le compte de ses commettants, ni se rendre garant de l'exécution des marchés dans lesquels il s'entremet (1).

141. S'il se trouve dans les conditions nécessaires pour être déclaré en faillite, comme la qualité de non-commerçant l'empêche de faire faillite, il est considéré comme banqueroutier.

142. Aux termes de l'article 10 de l'arrêté de prairial an x, il ne peut être associé, teneur de livres ni caissier d'aucun commerçant.

143. Les agents de change ne peuvent pas s'associer entre eux. Une telle société serait contraire à l'économie générale de la loi et à l'ordre public, en ce qu'elle amènerait la confusion des offices réunis, la violation inévitable du secret et serait contraire aux principes qui régissent les officiers publics.

144. Mais ils peuvent prendre des associés; aucun texte de loi ne formule la prohibition de cette faculté; dans ce cas, chaque office ne peut avoir qu'un titulaire unique, exerçant seul les fonctions.

145. Le décret du 13 octobre 1859 autorise les agents de Paris à s'adjoindre un ou deux commis principaux. Ces commis ne peuvent faire aucune opération pour leur compte, ils agissent au nom des agents de change et sous leur responsabilité; ils sont soumis à un règlement délibéré par la chambre syndicale. Les fonctions de commis principal ne peuvent

---

(1) C. de c., art. 85.

pas être cédées moyennant un prix ou une redevance quelconque.

146. Les agents de change ne peuvent, à peine de destitution et de 3,000 francs d'amende, négocier aucune lettre de change, billet, vendre aucune marchandise appartenant à des gens dont la faillite serait reconnue (2).

147. Les agents de change ne peuvent, sous peine de destitution et d'amende, négocier en blanc des lettres de change ou autres papiers commerçables; ils ne peuvent, sous peine d'une amende de 500 à 3,000 francs, négocier des promesses d'actions de chemins de fer avant la constitution de la société anonyme (3).

148. Les agents de change ne peuvent se faire suppléer ou représenter dans l'intérieur du parquet de la Bourse (4).

149. Il est défendu aux agents de change de prêter leur ministère pour des jeux de Bourse (5).

150. Enfin, l'agent de change installé doit se pourvoir d'une patente, dont le taux est déterminé par la loi du 25 avril 1844, proportionnellement à la population de la place et à son commerce, savoir :

A Paris.............................	1,000 francs.
Dans les villes de 100,000 âmes et au-dessus.	250
— de 50,000 âmes...........	200
— de 30,000 à 50,000 âmes (et dans celles de 15,000 à 30,000 qui ont un entrepôt réel)....	150
— de 15,000 à 30,000 (et dans celles d'une population inférieure qui ont un entrepôt réel).....................	100
Les autres villes........................	75

---

(2) Arr. 27 pr. an x, art. 18.

(3) L. 28 vend. an iv et 5 juillet 1845, art. 13.

(4) Ord. préf. pol. 1 therm. an ix, art. 12 et arr. prair. an x, art. 23.

(5) Arr. 7 août et 2 oct. 1785 et 22 sept. 1786; L. 28 vend. et 13 vent. an iv, art. 2 et 4; Arr. 27 prair. an x, art. 7; C. pén., 421 et 42.

CHAPITRE V.

CHAMBRE SYNDICALE.

151. Aux termes de l'article 15 de l'arrêté du 29 germinal an IX, la chambre syndicale des agents de change doit se composer d'un syndic ou président et de six adjoints. Ces officiers sont élus par l'assemblée générale de leurs confrères et à la majorité absolue.

152. La chambre syndicale a pour mission : 1° de veiller à ce que chaque agent de change se renferme strictement dans les limites légales de ses fonctions; 2° de statuer, par forme d'avis, sur les contestations qui s'élèvent entre les membres de la compagnie; 3° de censurer et de suspendre de leurs fonctions les agents de change qui contreviennent aux lois et règlements régissant leurs fonctions; 4° de présider à la liquidation des marchés à terme; 5° de donner, ainsi que nous l'avons vu, son avis sur la liste des candidats qui sont présentés au gouvernement.

153. Dans un autre ordre d'idées, elle doit constater le cours du change et des négociations des effets cotés; dénoncer ceux qui s'immiscent sans droit dans les fonctions d'agent de change; dénoncer les contraventions commises par les commerçants qui chargent de leurs négociations des individus sans caractère.

154. Compétente pour suspendre de leurs fonctions, suivant la gravité des cas, les agents de change qui ont contrevenu aux règlements de leur profession, elle peut, à plus forte raison, infliger une suspension partielle et leur interdire certaines opérations, ou leur enjoindre de présenter un successeur dans un certain délai, faute notamment par eux de rétablir, dans un délai fixe, le fonds de caisse épuisé par

des pertes éprouvées dans la liquidation des opérations à terme engagées par leur intermédiaire (1).

155. Agissant sous le contrôle du ministre des finances, elle peut accorder, refuser ou suspendre ou interdire la négociation, soit au comptant, soit à terme, des valeurs autres que les fonds de l'État français. Elle peut, dès lors, déterminer les conditions auxquelles elle croit devoir subordonner l'admission ou le maintien de certaines valeurs à la cote officielle de la Bourse.

156. Elle n'est pas responsable de la dépréciation que ces valeurs auraient subie à la suite d'une délibération prise par elle pour assurer la loyauté de leurs négociations.

157. Mais elle est responsable du préjudice causé aux tiers par l'admission à la cote officielle de titres d'obligations émis frauduleusement par une société étrangère (2).

158. La chambre syndicale d'une ville autre que Paris ne peut pas prononcer des peines disciplinaires en vertu d'un règlement de discipline intérieure non présenté à la sanction du gouvernement (3).

159. La chambre syndicale est compétente pour donner son avis sur la valeur d'une charge d'agent de change à une époque déterminée, sans qu'il soit possible de voir dans cet avis un acte de juridiction contentieuse (4).

160. En cas de faillite, elle doit rembourser à la masse la part revenant au failli dans la bourse commune : elle ne peut la compenser avec les sommes dues par le failli aux autres agents de change dans le compte général de liquidation (5).

161. Pour exercer son droit de surveillance, elle peut exiger de tous les membres de la compagnie la communication de leurs livres et de la situation de leur caisse (6).

162. Elle représente la compagnie pour toutes les actions judiciaires qu'elle a intérêt à engager ; mais cette question est

---

(1) L. 15 pluv. an IX ; Ord. 1er therm. an IX, art. 15.
(2) Toutes les décisions que nous venons de rapporter résultent de la jurisprudence des tribunaux civils.
(3) Req. 1er sept. 1856. D. P. 56. 1. 430.
(4) Civ. r. 4 déc. 1877. D. P. 78. 1. 251.
(5) Arr. 27 pr. an x, art. 22., Civ. r. 21 juillet 1874. D. P. 77. 5. 13.
(6) Req. 3 mai 1801. D. P. 83. 1. 10.

controversée, la jurisprudence n'étant encore bien formelle ni sur l'affirmative ni sur la négative (1).

163. Les décisions de la chambre syndicale sont-elles susceptibles d'appel? En raison du silence de la loi, des peines quelquefois graves qu'elle est autorisée à infliger et de l'autorité naturelle qu'exerce sur elle le ministre des finances, nous estimons que ce dernier peut être saisi de toutes réclamations émanant des agents frappés.

---

(1) Req. 27 mars 1882. D. P. 82. 2. 293.

CHAPITRE VI.

164. Nous terminerons cette étude sommaire en donnant le tableau des offices d'agent de change occupés en France.

DÉPARTEMENTS	VILLES	DATE de L'INSTITUTION	NOMBRE de PLACES	CAUTIONNEMENT
BOUCH.-DU-RHONE	Marseille......	13 messidor. 15 octobre 1817. 3 mars 1835. 10 mars 1846.	20	30.000
GARONNE(HAUTE-)	Toulouse......	6 messidor an IX.	8	12.000
GIRONDE........	Bordeaux......	7 messidor an IX. 30 juillet 1817.	20	30.000
LOIRE-INFÉR....	Nantes.........	6 messidor an IX. 11 décembre 1808.	10	10.000
NORD..........	Lille	30 janvier 1869. 6 messidor an IX. 4 messidor an XI.	10	12.000
RHONE.........	Lyon..........	12 prairial an IX.	30	40.000
SEINE	Paris..........	3 messidor an XI.	60	250.000

Tableau des agents de change en titre spéciaux nommés sur la présentation du ministre de l'agriculture et du commerce.

DÉPARTEMENTS	VILLES	DATE de L'INSTITUTION	NOMBRE de PLACES	CAUTIONNEMENT
AUBE..........	Troyes	16 février 1807.	2	6.000
AUDE..........	Carcassonne...	7 messidor an IX. 23 août 1830.	2	6.000
AVEYRON.......	Milhau .... Saint-Geniez... Rodez.........	24 février 1819. 2 août 1829. 9 thermidor an IX.	1 2 3	6.000 6.000 6.000
CANTAL........	Aurillac.......	30 mai 1835.	2	6.000

DÉPARTEMENTS	VILLES	DATE de L'INSTITUTION	NOMBRE de PLACES	CAUTIONNEMENT
GERS	Auch	19 vendémiaire an x 12 novembre 1834.	6	6.000
	Mirande	15 octobre 1817. 20 juin 1835.	2	6.000
HÉRAULT	Béziers	30 janvier 1831.		6.000
ILLE-ET-VILAINE	Rennes	7 fructidor an IX. 21 août 1834	2	6.000
INDRE-ET-LOIRE	Tours	15 thermidor an IX. 17 avril 1827.	8	6.000
LOIRE	Saint-Étienne	27 ventôse an x. 24 juin 1831.	2	6.000
LOIRET	Orléans	13 thermidor an IX. 3 germinal an XI. 17 octobre 1838.	10	6.000
LOT-ET-GARONNE	Agen	7 thermidor an IX. 3 novembre 1809.	6	6.000
MAINE-ET-LOIRE	Angers	6 janvier 1825.	3	6.000
	Saumur	9 novembre 1834.	2	6.000
MARNE	Reims	17 messidor an IX.	4	6.000
PAS-DE-CALAIS	Arras	9 thermidor an IX. 8 octobre 1817.	4	6.000
PUY-DE-DÔME	Clermont-Ferr.	7 thermidor an IX. 7 mars 1827.	4	6.000
SEINE-ET-OISE	Versailles	9 décembre 1871. 7 thermidor an IX.	2 6	6.000 10.000
SEINE-INFÉR	Le Havre	7 thermidor an IX. 31 janvier 1878.	2	15.000
	Rouen	9 thermidor an IX. 15 avril 1818.	4	6.000
SÈVRES (DEUX-)	Niort	3 ventôse an x. 12 janvier 1810.	4	6.000
VIENNE	Châtellerault			
	Poitiers	4 mai 1828.	2	6.000

Tableau des agents de change autorisés à exercer leurs fonctions avec celles de courtier d'assurances ou de courtier interprète conducteur de navires.

DÉPARTEMENTS	VILLES	DATE de L'INSTITUTION	NOMBRE de PLACES	CAUTIONNEMENT
CHARENTE-INFÉR.	La Rochelle	13 frimaire an x.	6	8.000
FINISTÈRE	Douarnenez	23 avril 1850.	2	6 000
HÉRAULT	Cette	27 fructidor an IX. 2 avril 1816. 22 septembre 1823.	8	6.000
NORD	Dunkerque	7 messidor an IX.	12	12.000
VENDÉE	Luçon	26 juillet 1829.	2	6.000

TITRE III.

CHAPITRE PREMIER.

HISTORIQUE.

165. Tous les peuples qui se sont livrés au commerce, ont reconnu la nécessité de recourir à des intermédiaires qui, placés entre l'acheteur et le vendeur, préparent leur marché et les mettent à portée d'en discuter le prix, d'en régler les conditions. A Rome, les courtiers avaient le nom de proxénètes commerciaux.

En France, les fonctions des courtiers n'ont été distinctes de celles des agents de change que vers 1720. Leurs attributions ne comprenaient que la vente des marchandises. Chaque corps d'état avait un courtier particulier qui en faisait partie. La profession, après avoir été rendue libre en 1791, fut de nouveau privilégiée et réglementée le 28 vendémiaire an IV.

166. L'article 77 du Code de commerce reconnaît quatre sortes de courtiers : 1º les courtiers de marchandises; 2º les courtiers d'assurances; 3º les courtiers interprètes et conducteurs de navires; 4º les courtiers de transports par terre et par eau.

La profession de ces derniers n'a jamais été réglementée. Deux charges seulement ont existé à Nantes, sous le premier Empire; elles n'ont pas été remplacées.

Un décret du 12 décembre 1813 créa aussi les courtiers gourmets piqueurs de vins. Ces agents, institués près de l'entrepôt des vins à Paris, sont chargés de servir d'intermédiaires, quand ils en sont requis, d'indiquer fidèlement le cru et la qualité des boissons et de servir d'experts en cas de contestation sur la qualité des vins. Nommés par le ministre du commerce, sur la présentation du préfet de police et la production d'un certificat d'aptitude délivré par les syndics des marchands de vins de Paris, leur nombre est fixé à 58; ils fournissent un cautionnement de 1,200 francs, prêtent serment devant le tribunal de commerce et y font enregistrer leur commission. Ils ne peuvent agir pour leur compte ou par commission, ni recevoir plus de 75 centimes par 100 hectolitres et demi pour émoluments. Ils versent à une bourse commune le tiers de leurs émoluments, et sont placés sous la discipline d'un syndic et de six adjoints nommés par eux. La loi du 18 juillet 1866, dont nous avons parlé, a été entendue en ce sens que, tout le monde étant libre désormais de faire les opérations réservées précédemment aux courtiers de marchandises en titre d'office, il devenait licite, à quiconque le voudrait, de faire concurrence aux courtiers gourmets piqueurs de vins. Ceux-ci ont, pour la plupart, donné leur démission d'un emploi dont les obligations devenaient sans compensation, et les démissionnaires ne sont pas remplacés.

167. Nous n'avons donc à examiner que trois catégories de courtiers : les deux premières comprenant les courtiers en titre d'office, la seconde se rapportant aux courtiers libres et inscrits, le privilège des courtiers de marchandises ayant disparu en vertu de la loi du 18 juillet 1866.

CHAPITRE II.

COURTIERS DE MARCHANDISES.

168. La loi du 18 juillet 1866 a prescrit le rachat et la suppression des offices des courtiers de marchandises, et abandonne, sous certaines réserves, leurs fonctions à la libre concurrence des particuliers.

169. Il fallait toutefois confier à des agents spéciaux le soin de constater le cours légal des marchandises et de procéder, dans certains cas déterminés (1), aux ventes publiques de marchandises aux enchères et en gros. A cet effet, sans porter atteinte au principe de la liberté du courtage des marchandises, la même loi rangea dans deux catégories distinctes les courtiers dont les fonctions étaient supprimées et distingua parmi eux les courtiers inscrits et les courtiers non inscrits.

170. Les uns et les autres sont soumis aux conditions générales suivantes :

1° Leurs droits de patente sont ainsi fixés :

A Paris...	400 francs
Dans les villes de 50,000 âmes et au-dessus..	300
— 30,000 âmes et dans celles de 15,000 à 30,000 qui ont un entrepôt réel.., ...	200
— 15,000 à 30,000 âmes et dans celles d'une population inférieure qui ont un entrepôt réel	150
Dans les autres communes...................	75

2° Ils ne peuvent se rendre acquéreurs pour leur compte

---

(1) L. 22 pluv. an VIII.

des marchandises dont la vente leur **a** été confiée, à peine de dommages-intérêts envers les parties ;

3° Ils ne peuvent se charger d'une opération de courtage pour une affaire où ils auraient un intérêt personnel, sans en prévenir les parties auxquelles ils servent d'intermédiaires, sous peine d'une amende de 500 à 3,000 francs ;

4° Leurs droits de courtage pour les ventes publiques des marchandises déposées dans un magasin général sont fixés, pour chaque localité, par le ministre du commerce, après avis de la chambre et du Tribunal de commerce.

En dehors de ces règles communes, il en est qui sont spéciales aux courtiers inscrits. Elles sont contenues dans la même loi du 18 juillet 1866.

171. La liste des courtiers inscrits est formée par le Tribunal de commerce. Le candidat doit prouver sa moralité, sa capacité professionnelle et acquitter au Trésor un droit dont le produit sert, jusqu'à amortissement complet, à rembourser l'Etat de ses avances nécessitées par le rachat des offices ; ce droit varie, selon les places, et est fixé à 3,000, 2,500, 2,000, 1,500 ou 1,000 francs.

172. Ils sont soumis à la prestation de serment qui a lieu, devant le Tribunal de commerce, dans la huitaine de l'inscription au tableau.

173. La candidature de tout individu en état de faillite ou ne jouissant pas des droits de citoyen français doit être écartée.

174. Les courtiers inscrits ont seul le droit de constater le cours des marchandises, de procéder aux ventes publiques de marchandises aux enchères et en gros dans les cas déterminés par la loi, et de se charger, à défaut d'experts choisis par les parties, de l'estimation des marchandises déposées dans un magasin général. Cette dernière attribution est obligatoire : les droits de vacation qui en résultent sont fixés, pour chaque localité, par le ministre du commerce, et, quand ils sont jugés insuffisants par le courtier, estimés par le président du Tribunal de commerce.

175. Les courtiers inscrits ont une chambre syndicale, à la juridiction de laquelle ils doivent se soumettre, dont les membres sont élus par eux pour un an. L'organisation et les

pouvoirs disciplinaires de cette chambre sont déterminés par le Tribunal de commerce, après avis de la Chambre consultative des arts et manufactures et soumis à l'approbation du ministre du commerce. Le Tribunal de commerce, lorsque le nombre des courtiers n'est pas suffisant, remplit les fonctions de la chambre syndicale. Dans tous les cas, il statue, en appel, sur les peines prononcées par la chambre.

176. Dans les villes où existe une Bourse de commerce, le cours des marchandises est contrôlé par les courtiers inscrits réunis s'il y a lieu à un certain nombre de courtiers non inscrits et de négociants de la place. La présidence de la réunion doit appartenir à l'un des courtiers inscrits (1), qu'il y ait ou non une chambre syndicale.

---

(1) Cons. d'Ét. com. et trav. pub. 28 avril 1835. — La section des travaux publics, de l'agriculture et du commerce, consultée par M. le ministre du commerce sur la question de savoir si, dans les villes où il n'existe pas de chambre syndicale des courtiers inscrits, la chambre de commerce peut, aux termes de l'article 8 du décret du 22 décembre 1866, désigner un courtier non inscrit pour présider la réunion générale des membres chargés de constater le cours des marchandises, alors qu'il existe un ou plusieurs courtiers inscrits membres de droit de cette réunion ;

Considérant que les courtiers inscrits sont seuls directement habilités par la loi du 18 juillet 1866 à l'effet de procéder aux ventes publiques de marchandises qui doivent être faites par le ministère d'officiers publics ;

Considérant que cette délégation implique pour les courtiers inscrits une prééminence non contestable sur les courtiers non inscrits et sur les négociants désignés par la chambre de commerce pour concourir, avec les courtiers inscrits, à la constatation du cours des marchandises ;

Considérant que le règlement d'administration publique du 22 décembre 1866 en déterminant la forme dans laquelle il doit être procédé à cette constatation, n'a nullement porté atteinte à cette prééminence, laquelle dérive de la loi même, et n'a pu avoir pour effet de la restreindre ;

Considérant que l'article 8 du décret du 22 décembre 1866 doit être appliqué conformément à la seule interprétation qui se puisse concilier avec l'esprit de la loi en exécution de laquelle ce décret a été rendu ; d'où il suit que, dans les villes où il n'existe pas de chambre syndicale des courtiers inscrits, la chambre de commerce ne peut désigner un courtier non inscrit ou un négociant de la place pour présider la réunion générale des membres chargés de constater le cours des marchandises, qu'autant qu'il ne se trouverait dans la même ville aucun courtier ayant obtenu conformément aux dispositions de l'article 2 de la loi du 18 juillet 1866, l'inscription de son nom sur la liste dressée par le tribunal de commerce ;

Est d'avis : Qu'il y a lieu de répondre à M. le ministre du commerce dans le sens des observations qui précèdent.

CHAPITRE III.

COURTIERS EN TITRE D'OFFICE.

177. Les courtiers en titre d'office sont les courtiers d'assurances et les courtiers interprètes et conducteurs de navires.

. En examinant les questions se rattachant à l'institution des agents de change, nous avons étudié certaines règles communes aux courtiers dont le privilège a été maintenu, et que nous allons compléter. Ils dépendent du ministère du commerce ; le cumul de leur charge est autorisé. Ils ne peuvent toutefois cumuler avec leurs attributions le courtage des marchandises, rendu libre par la loi de 1866.

Leurs cautionnements varient, selon les places, entre les limites extrêmes de 15,000 à 4,000 francs. La patente est la même pour tous, quelle que soit la sorte de courtage qu'ils exercent. Les tarifs de leurs émoluments sont arrêtés par décret, après avis des Tribunaux et chambres de commerce.

SECTION PREMIÈRE.

COURTIERS D'ASSURANCES.

178. Les courtiers d'assurances ont seuls le droit de certifier le taux des primes pour tous les voyages de mer et de rivière.

179. Ils ont, concurremment avec les notaires, le droit de s'entremettre pour opérer des assurances maritimes, d'en rédiger les contrats ou polices et d'en attester la vérité par leur signature. Les assureurs et assurés restent toujours libres de s'aboucher directement entre eux et de contracter les assurances maritimes par actes sous seings privés.

180. Ils sont tenus de faire timbrer, au timbre de dimension, le registre qu'ils doivent tenir conformément à l'article 84 du Code de commerce. Ce livre est soumis au visa des préposés de l'enregistrement toutes les fois que ceux-ci le requièrent. Toute contravention à ces deux dispositions est punie d'une amende de 50 francs (1).

SECTION II.

COURTIERS INTERPRÈTES ET CONDUCTEURS DE NAVIRES.

181. Les courtiers interprètes et conducteurs de navires ont seuls le droit de constater le cours du fret ou nolis.

Ils sont chargés, concurremment avec toutes personnes dans les villes où leur office n'a pas été institué : 1° de faire les affrètements; 2° de traduire, en cas de contestations portées devant les tribunaux, les déclarations, chartes parties, connaissements, contrats et autres actes de commerce dont la traduction serait nécessaire; 3° de servir de truchements, dans les affaires contentieuses de commerce et pour le service des douanes, à tous étrangers, maîtres de navires, marchands, équipages de vaisseaux et autres personnes de mer. Ils ne peuvent d'ailleurs interpréter que les langues pour lesquelles ils sont expressément commissionnés, sans qu'il leur soit permis d'aller ou envoyer au-devant des vaisseaux, dans les rades, rivières, etc., pour attirer les maîtres, capitaines ou marchands.

SECTION III.

RÉGIME DES COURTIERS DE MARSEILLE.

182. Un décret en date du 25 janvier 1813 a établi qu'à Marseille les aspirants aux fonctions de courtiers d'assurance fourniraient une justification supplémentaire de leur aptitude. Cette justification consiste dans un certificat qui leur est délivré par un jury devant lequel ils subissent un examen professionnel. Le jury se compose du président du Tribunal de

____

(1) L. 15 juin 1850, art. 47.

commerce, du président de la chambre de commerce et de quatre membres nommés par le préfet, savoir : deux négociants armateurs et deux négociants assureurs. L'examen porte sur les règles et les principes du contrat d'assurance et du contrat à la grosse, sur les obligations des assureurs et des assurés, sur les actes de délaissement et les règlements d'avaries, sur les devoirs et les qualités des courtiers d'assurances, et généralement sur tous les objets et détails relatifs à l'exercice de ce courtage (1).

---

(1) La loi du 18 juillet 1866 a rendu libre, à partir du 1er janvier 1867, la profession de courtier de marchandises, mais elle n'a porté aucune atteinte au privilège des courtiers maritimes et des courtiers d'assurances. Une indemnité était due aux courtiers de marchandises désormais privés du droit de présenter leur successeur ; les bases en furent déterminées par la loi (articles 11 et 12), et le montant dut en être fixé par une commission de neuf membres (article 15). Pour le cas où un même individu, autorisé à cumuler les fonctions de courtier de marchandises avec celles de courtier d'assurances ou de courtier de navires, aurait exercé ces diverses fonctions en vertu d'un titre unique, l'indemnité devait être diminuée dans la proportion de la valeur du titre ié uit aux fonctions non supprimées (article 13).

La commission chargée de fixer les indemnités, après avoir estimé à 103,350 francs pour Marseille la valeur de chacune des charges de courtiers en marchandises, décida que cette somme serait réduite à 100,000 francs pour ceux des courtiers autorisés à faire les assurances qui voudraient continuer l'exercice de ces fonctions spéciales. Les 19 courtiers qui se trouvaient dans ce cas ratifièrent tous cette proposition, et ne reçurent que la somme de 100,000 francs à titre d'indemnité pour la suppression de leur droit à cumuler le courtage des marchandises avec celui des assurances.

Deux prétentions contraires se firent jour presque aussitôt. D'une part, les courtiers maritimes maintenus dans leur titre d'officiers publics se prévalurent du droit qui leur avait été reconnu par le décret de 1813 « d'exercer les différents courtages mentionnés dans l'arrêté « de l'an IX », et plusieurs d'entre eux demandèrent à subir l'examen qui leur permettrait de pratiquer les assurances. D'autre part, les anciens courtiers de commerce ayant conservé la faculté de faire des assurances, soutinrent que la retenue précitée de 3,350 francs leur avait conféré un droit transmissible. Le conseil d'Etat, auquel ces réclamations furent soumises par le Gouvernement, les condamna toutes deux. La section du commerce émit l'avis, le 28 mars 1868, que les courtiers autorisés à faire les assurances n'avaient pu acquérir, depuis la loi de 1866, un privilège qui leur était antérieurement refusé ; les fonctions qu'ils avaient conservées demeuraient purement viagères, et ce caractère devait leur être maintenu à l'avenir. Quant aux courtiers maritimes, elle estima qu'en perdant leur titre de courtiers de marchandises, auquel seul était attaché le droit de subir l'examen prescrit par le décret de 1813, ils avaient cessé de pouvoir obtenir l'autorisation de faire le courtage des assurances. Toutefois la section de commerce reconnut que ces courtiers avaient des titres spéciaux à

183. Bien que le décret du 22 janvier 1813 soit spécial à la ville de Marseille, les dispositions qui précèdent peuvent être appliquées sur d'autres places, à la volonté des Tribunaux de commerce. En effet, comme ces tribunaux sont nécessairement appelés à donner un avis motivé sur l'aptitude de tous les aspirants aux fonctions de courtiers d'assurances, ils sont libres d'exiger des candidats, pour condition d'un avis favorable, qu'ils subissent un examen semblable à celui qui est imposé à Marseille. Cette mesure n'a rien que de satisfaisant et de propre à donner d'utiles garanties au commerce. Aussi la jurisprudence administrative l'a souvent indiquée et recommandée.

184. Quant aux courtiers interprètes et conducteurs de navires, ils ne sont assujettis à aucune autre condition d'aptitude que les conditions générales, lorsqu'ils veulent se borner à exercer les fonctions de leur ministère à l'égard des navires français. Mais ceux qui se proposent de les exercer à l'égard des navires étrangers, doivent justifier de la connaissance de la langue qu'ils demandent à interpréter. A cet égard le décret du 22 janvier 1813 détermine que les aspirants doivent produire une déclaration assermentée de quatre négociants faisant ou ayant fait le commerce avec l'étranger et désignés par le Tribunal de commerce ; ces négociants affirment qu'à leur connaissance le candidat sait telle ou telle langue et est capable de l'entendre et de l'interpréter.

185. Ce système de justification est satisfaisant et susceptible de donner au commerce d'utiles garanties. Du reste, rien n'empêche les Tribunaux de commerce de toutes les villes de faire librement ce qui est obligatoire à Marseille et d'imposer aux candidats, comme condition de l'avis favorable à leur aptitude, qu'ils sont appelés à leur délivrer, la production d'un certificat dressé suivant les prescriptions de l'art. 3 du décret du 22 janvier 1813.

---

faire valoir. Dans le règlement à intervenir, dit l'avis précité, « il y aura « lieu de tenir compte de la position des 45 courtiers interprètes con- « ducteurs de navires, qui, s'ils ne peuvent plus prétendre au droit de « faire le courtage des assurances à la suite d'un examen, ont néan- « moins des titres incontestables aux préférences de l'administration ».
Malgré de nombreuses et instantes démarches faites par les intéressés, le ministre du commerce n'a pas encore réglé cette importante question.

LÉGISLATION (1)

---

28 vendémiaire an IV. — *Loi sur la police de la Bourse.*

Art. 2. Aucun pouvoir militaire n'exercera de fonctions dans
l'intérieur de la Bourse, et sa police ne sera soumise qu'à la surveillance de la police administrative.

Art. 3. L'administration de police disposera des moyens les plus
actifs pour rendre facile et accessible l'entrée de la Bourse, et dissiper tout attroupement.

Art. 4. Le local intérieur de la Bourse sera disposé de manière
que chaque négociant et marchand puisse s'y choisir une place
fixe déterminée, tant dans les salles que dans les jardins du bâtiment.

28 ventôse an IX. — *Loi relative à l'établissement des
Bourses de commerce.*

Art. 1. Le gouvernement pourra établir des bourses de commerce
dans tous les lieux où il n'en existe pas et où il le jugera convo-
nable.

Art. 2. Il pourra affecter à la tenue de la Bourse les édifices
et emplacements qui ont été ou sont encore employés à cet usage
et qui ne sont pas aliénés. — Il pourra assigner à cette destination tout ou partie d'un édifice national, dans les lieux où il n'y
a pas de bâtiments qui aient été ou soient affectés à cet usage.
— Les banquiers, négociants et marchands pourront faire des
souscriptions pour construire des établissements de ce genre, avec
l'autorisation du gouvernement.

Art. 3. Le gouvernement pourvoira à l'administration des édifices et emplacements où se tiennent les Bourses, et de ceux qui seront affectés ultérieurement à la même destination, ou construits par le commerce.

Art. 4. Les dépenses annuelles relatives à l'entretien et réparation des Bourses seront supportées par les banquiers, négociants et marchands ; en conséquence, il pourra être levé une contribution proportionelle sur le total de chaque patente de commerce de 1ʳᵉ et 2° classes, et sur celles d'agents de change et courtiers. — Le montant en sera fixé chaque année, en raison des besoins, par un arrêté du préfet du département.

Art. 5. Le gouvernement réglera le mode suivant lequel seront faits la perception et l'emploi et rendu le compte des fonds provenant de cette contribution.

TITRE II.

ÉTABLISSEMENT DES AGENTS DE CHANGE ET COURTIERS.

Art. 6. Dans toutes les villes où il y aura une Bourse, il y aura des agents de change et des courtiers de commerce nommés par le gouvernement.

Art. 7. Les agents de change et courtiers qui seront nommés en vertu de l'article précédent, auront seuls le droit d'en exercer la profession, de constater le cours du change, celui des effets publics, marchandises, matières d'or et d'argent, et de justifier devant les tribunaux ou arbitres la vérité et le taux des négociations, ventes et achats.

Art. 8. Il est défendu, sous peine d'une amende qui sera au plus du sixième du cautionnement des agents de change ou courtiers de la place, et au moins du douzième, à tous individus autres que ceux nommés par le gouvernement, d'exercer les fonctions d'agents de change ou courtier. — L'amende sera prononcée correctionnellement par le tribunal de première instance, payable par corps et applicable aux enfants abandonnés.

Art. 9. Les agents de change et courtiers de commerce seront tenus de fournir un cautionnement. — Le montant en sera réglé par le gouvernement, sur l'avis des préfets de département. — Il ne pourra excéder, pour les agents de change, la somme de soixante mille francs, ni être moindre de six mille francs en numéraire. — Pour les courtiers de commerce, il ne pourra excéder la somme de douze mille francs, ni être moindre de deux mille francs. — Le montant en sera versé à la caisse d'amortissement. — L'intérêt en sera payé à 5 0/0.

Art. 10. En cas de démission ou de décès, le cautionnement sera remboursé par la caisse d'amortissement à l'agent de change ou courtier, ses héritiers ou ayants cause.

Art. 11. Le gouvernement fera, pour la police des Bourses, et en général pour l'exécution de la présente loi, les règlements qui seront nécessaires.

15 septembre 1862. — *Décret relatif à l'établissement des parquets pour la négociation des effets publics.*

Article unique. A l'avenir les parquets pour la négociation des effets publics ne pourront être établis que par des décrets rendus sur la proposition de nos ministres des finances et du commerce.

18 juillet 1866. — *Loi sur les courtiers en marchandises.*

TITRE PREMIER.

DE L'EXERCICE DE LA PROFESSION DE COURTIER DE MARCHANDISES.

Art. 1er. A partir du 1er janvier 1867, toute personne sera libre d'exercer la profession de courtier de marchandises, et les dispositions contraires du Code de commerce, des lois, décrets, ordonnances et arrêtés actuellement en vigueur seront abrogées.

Art. 2. Il pourra être dressé par le Tribunal de commerce une liste des courtiers de marchandises de la localité qui auront demandé à y être inscrits. — Nul ne pourra être inscrit sur ladite liste s'il ne justifie: 1° de sa moralité par un certificat délivré par le maire; 2° de sa capacité professionnelle par l'attestation de cinq commerçants de la place faisant partie des notables chargés d'élire le Tribunal de commerce; 3° de l'acquittement d'un droit d'inscription une fois payé au Trésor. Ce droit d'inscription, qui ne pourra excéder trois mille francs, sera fixé, pour chaque place, en raison de son importance commerciale, par un décret rendu en la forme des règlements d'administration publique, et cessera d'être exigé à l'époque où sera amortie l'avance du Trésor, dont il sera parlé à l'article 17. — Aucun individu en état de faillite, ayant fait abandon de biens ou atermoiement sans s'être depuis réhabilité, ou ne jouissant pas des droits de citoyen français, ne pourra être inscrit sur la liste dont il vient d'être parlé. — Tout courtier inscrit sera tenu de prêter, devant le tribunal de commerce, dans la huitaine de son inscription, le serment de remplir avec honneur et probité les devoirs de sa profession. — Il sera également tenu de se soumettre, en tout ce qui se rapporte à la discipline de sa profession, à la juridiction d'une chambre syndicale, qui sera établie comme il est dit à l'article suivant.

Art. 3. Tous les ans, dans le courant d'août, les courtiers inscrits éliront parmi eux les membres qui devront composer, pour l'année, la chambre syndicale. — L'organisation et les pouvoirs disciplinaires de cette chambre seront déterminés dans un règlement dressé pour chaque place par le tribunal de commerce, après avis de la chambre de commerce ou de la chambre consultative des arts et manufactures. — Ce règlement sera soumis à l'approbation du ministre de l'agriculture, du commerce et des travaux publics. — La chambre syndicale pourra prononcer, sauf appel devant le Tribunal de commerce, les peines disciplinaires suivantes :

L'avertissement ;

La radiation temporaire ;

La radiation définitive, sans préjudice des actions civiles à intenter par les tiers intéressés, ou même de l'action publique, s'il y a lieu. — Si le nombre des courtiers inscrits n'est pas suffisant pour la constitution d'une chambre syndicale, le tribunal de commerce en remplira les fonctions.

Art. 4. Les ventes publiques de marchandises aux enchères et en gros qui, dans les divers cas prévus par la loi, doivent être faites par un courtier, ne pourront être confiées qu'à un courtier inscrit sur la liste dressée conformément à l'article 2, ou, à défaut de liste, désigné, sur la requête des parties intéressées, par le président du tribunal de commerce.

Art. 5. A défaut d'experts désignés d'accord entre les parties, les courtiers inscrits pourront être requis pour l'estimation des marchandises déposées dans un magasin général. — Si le courtier requis dans le cas prévu par le paragraphe qui précède réclame plus d'une vacation, il sera statué par le président du Tribunal de commerce sans frais et sans recours.

Art. 6. Le courtier chargé de procéder à une vente publique ou qui aura été requis pour l'estimation de marchandises déposées dans un magasin général, ne pourra se rendre acquéreur pour son compte des marchandises dont la vente ou l'estimation lui aura été confiée. — Le courtier qui aura contrevenu à la disposition qui précède sera rayé par le tribunal de commerce, statuant disciplinairement et sans appel, sur la plainte d'une partie intéressée ou d'office, de la liste des courtiers inscrits, et ne pourra plus y être inscrit de nouveau sans préjudice de l'action des parties en dommages-intérêts.

Art. 7. Tout courtier qui sera chargé d'une opération de courtage pour une affaire où il avait un intérêt personnel, sans en prévenir les parties auxquelles il aura servi d'intermédiaire, sera poursuivi devant le tribunal de police correctionnelle et puni d'une amende de cinq cents francs à trois mille francs, sans préjudice de l'action des parties en dommages-intérêts. S'il était inscrit sur la liste des courtiers dressée conformément à l'article 2, il en sera rayé et ne pourra plus y être inscrit de nouveau.

Art. 8. Les droits de courtage pour les ventes publiques et la quotité de chaque vacation due au courtier, pour l'estimation des marchandises déposées dans un magasin général, continueront à être fixés, pour chaque localité, par le ministre de l'agriculture, du commerce et des travaux publics après avis de la chambre et du Tribunal de commerce.

Art. 9. Dans chaque ville où il existe une Bourse de commerce, le cours des marchandises sera constaté par les courtiers inscrits, réunis, s'il y a lieu, à un certain nombre de courtiers non inscrits et de négociants de la place, dans la forme qui sera prescrite par un règlement d'administration publique.

TITRE II.

. . . .

TABLE ALPHABÉTIQUE

INDEX BIBLIOGRAPHIQUE

Bozerian................... La Bourse ; 1 vol. in-8°.

Courcelle Seneuil.......... Traité des opérations de banque ;
1 vol. in-8°.

Bravard et Demangeat.... Traité de Bourses de commerce ;
1 vol. in-8°.

Mollot .... Les Bourses de commerce ; 1 vol.
in-8°.

Paris. — Soc. d'imp. PAUL DUPONT, 41, rue J.-J.-Rousseau (Cl.) 764.12.85.

www.ingramcontent.com/pod-product-compliance
Ingram Content Group UK Ltd.
Pitfield, Milton Keynes, MK11 3LW, UK
UKHW020949140726
13695UKWH00003B/1295